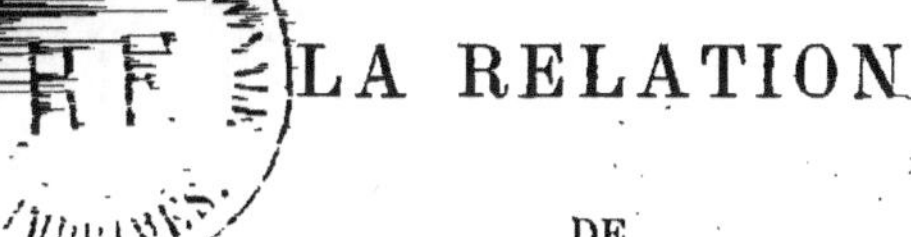

LA RELATION

DE

L'EXPÉDITION DE MÉDÉA

DU DOCTEUR BAUDENS

PUBLIÉE PAR

Victor DEMONTÈS

PARIS

Au siège de la Société : 21, RUE DES PYRAMIDES,

EN VENTE CHEZ

ÉDOUARD CHAMPION, *Éditeur,* 5, QUAI MALAQUAIS

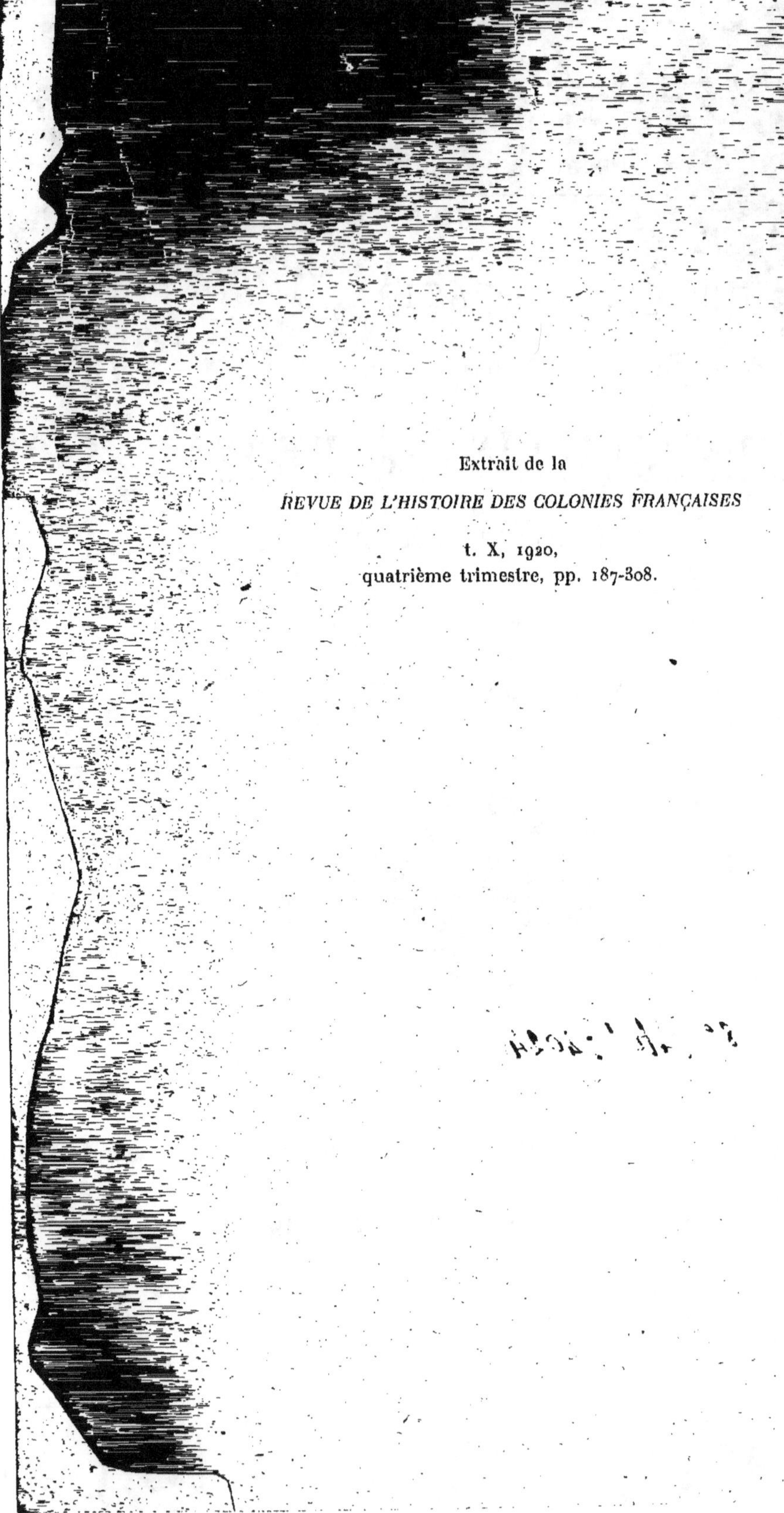

Extrait de la

REVUE DE L'HISTOIRE DES COLONIES FRANÇAISES

t. X, 1920,
quatrième trimestre, pp. 187-308.

LA RELATION

DE

L'EXPÉDITION DE MÉDÉA

INTRODUCTION

L'année 1830 avait vu l'entrée victorieuse des Français à
Alger sous le Général de Bourmont et leur progression dans
l'intérieur de la Régence sous le Maréchal Clauzel. L'année 1831
marqua le brusque arrêt de la conquête, puis le recul de nos
troupes et leur refoulement dans la banlieue de cette ville où
elles s'immobilisèrent durant plusieurs années. De ce brusque
changement, les causes sont en général connues : la politique
hésitante de la Monarchie de Juillet, le rappel de la plus grande
partie du corps expéditionnaire, le caractère faible et la défiance
du commandant en chef, le Général Berthezène. Au lieu de
succès ininterrompus qui seuls auraient pu en imposer aux
Arabes, on éprouva un échec, et cette défaite suffit pour nous
faire perdre notre prestige et réveiller le fanatisme et la haine
contre les Roumis ; les vaincus reprirent leurs illusions. En
quelques jours, ou mieux en quelques heures, des avantages
chèrement obtenus furent perdus. La seconde expédition de
Médéa, imparfaitement organisée et plus médiocrement conduite, témoigna de notre impuissance et de notre indécision ;
les conséquences en furent redoutables non seulement pour
nos armes, mais surtout pour notre politique africaine. Aussi
tout document inédit, qui nous permet de mieux apprécier cet

événement militaire, devait être considéré par nous comme
d'un haut intérêt historique. Celui que nous publions aujour-
d'hui, découvert par hasard dans des archives privées, mais
dû à un chirurgien d'une grande réputation et d'une haute
probité, apporte les précisions nécessaires sur les détails encore
imparfaitement connus d'une marche militaire qui faillit
tourner au désastre.

* *

L'auteur en est M. le docteur *Baudens* dont la très curieuse
personnalité et la réputation chirurgicale s'étaient d'abord
affirmées en Afrique. Né en 1804 à Aire (Pas-de-Calais), il avait
à peine terminé ses études médicales à Paris sous Gama et passé
sa thèse (Cistotomie suspubienne réduite à son plus haut degré
de simplicité, 1829) qu'il fut désigné en 1830 pour suivre en qualité de chirurgien aide-major le corps expéditionnaire du Général
Bourmont. Il débarqua donc un des premiers en Afrique et il
ne devait quitter la colonie que douze ans plus tard. en 1841,
participant à toutes les expéditions, payant bravement de sa
personne et s'imposant à l'admiration de tous par son habileté
de praticien, son activité et son dévouement. A peine si, pendant
ce long espace de temps, il prit quelques mois de repos qu'il
alla passer en France ; c'était généralement pour se remettre
de ses fatigues professionnelles ou de quelque attaque de fièvres
paludéennes. Huit citations à l'ordre du jour de l'armée
d'Afrique attestent les services qu'il y rendit ainsi que son courage et son sang-froid.

Aussi, quand il rentra en France, sa célébrité était déjà assez
solidement établie pour qu'on lui confiât le poste de professeur
et de chirurgien en chef à Lille ; l'année suivante, il passait au
Val-de-Grâce et était en même temps nommé inspecteur et
membre du Conseil de Santé des armées. Vers la fin de sa vie,
sa prédilection pour la chirurgie militaire, son goût pour les
campagnes lointaines, dans cet Orient où s'était illustré un
de ses maîtres, le docteur Larrey, son énergie bien connue lui

firent accepter l'inspection médicale des troupes françaises qui
assiégeaient Sébastopol ; il prit, dès son arrivée en Crimée, des
mesures urgentes pour l'assainissement des camps et l'instal-
lation des hôpitaux. Mais il ne devait pas survivre longtemps
à cette dernière mission dont il écrivit cependant le récit : *Une
Mission à l'armée d'Orient en* 1857. La même année, il mourait
en décembre.

Si la vie du docteur Baudens appartient à l'Algérie précisément à cette époque heureuse de l'existence où se gravent le
mieux dans l'esprit les impressions fortes et durables, la colonie
doit à ce médecin des mémoires à la fois scientifiques et historiques trop peu connus dans lesquels abondent les observations
justes, les détails piquants et les récits suggestifs. L'un de ces
mémoires [1] est intitulé : *Relation de l'Expédition de Constantine*.
Il débute ainsi : « Depuis le débarquement des Français à Sidi
Ferruch jusqu'à la prise de Constantine, j'ai partagé la fortune
de nos armées d'Afrique et j'ai pansé les blessures de nos soldats
sur plus d'un champ de bataille. Le travail que je publie aujour-
d'hui sur la seconde expédition de Constantine apporte un
complément aux diverses considérations hygiéniques et chirurgicales que j'ai déjà eu lieu de développer dans un traité des
plaies d'armes à feu et dans une relation de la première expédition contre Achmet Bey, insérée il y a un an dans la *Gazette
des Tribunaux*. » Or cette brochure ne contient pas uniquement
des notations exactes sur l'organisation sanitaire, les opérations
chirurgicales et les cas médicaux les plus intéressants ; l'auteur
nous y révèle le recrutement défectueux de certaines formations
militaires et notamment les habitudes déplorables des infirmiers ;
il décrit les villes prises et les campagnes parcourues, insiste
sur les beautés naturelles du beylik de Constantine, les sources
chaudes d'Hammam Meskoutine, la pittoresque vallée du
Rhummel ; sous sa plume revivent pour la dernière fois les

---

1. Docteur Baudens, *Relation de l'Expédition de Constantine*. Paris,
Baillière, 1838, in-8, 73 pages.

scènes de la vie musulmane auxquelles il a assisté et que la victoire des Français va faire disparaître : le harem d'Achmet, la réception d'Aïcha, le rôle de l'eunuque. Le second mémoire [1] est moins étendu et peut-être d'un plus faible intérêt ; c'est un récit presque exclusivement militaire ; les digressions sur le pays et sur les hommes y sont plus rares. Il porte le titre de *Relation historique de l'Expédition de Tagdempt* et aurait pu être écrit par un officier dont la préoccupation est de rapporter la marche quotidienne des troupes, les difficultés du chemin parcouru et les alertes des camps. On y rencontrera cependant quelques traits particuliers sur la vie des soldats en campagne et leur rapide adaptation au milieu africain. Quel menu varié n'est pas celui des troupiers à ce moment ! Lézards, tortues, grenouilles, serpents, tout leur est bon pour varier leur ordinaire. Pourtant, il semble que le docteur Baudens est maintenant plus habitué aux indigènes et aux spectacles africains. Ses impressions s'émoussent et sa curiosité laisse échapper bien des traits. Sûrement, si, au cours des premières années de son séjour en Algérie, il avait écrit un premier mémoire, c'est avec des couleurs plus vives et plus fraîches qu'il aurait brossé son tableau.

.·.

Le manuscrit que nous publions est précisément une de ses premières œuvres ; il la composa quand il avait à peine trente ans. Les yeux tout éblouis par les visions d'Afrique, il nous dépeint, avec une vivacité de souvenirs et une fraîcheur d'impressions qu'explique son récent débarquement, la plaine de la Métidja, les croupes montagneuses de l'Atlas médéen, leurs ressources agricoles et minières, les populations arabes et berbères, leurs mœurs et leurs traditions. Tout cela, il l'a vu et observé au cours de l'expédition de Médéa dont il faisait

1. Docteur Baudens, *Relation historique de l'Expédition de Tagdempt.* Paris, Germer-Baillière, 1841. in-8°, 32 pages.

partie. il ne s'agit pas ici de la première expédition de Médéa
dirigée en 1830 par le Maréchal Clauzel à laquelle il ne semble
pas avoir pris part ; il s'agit de la seconde marche sur cette
ville, faite en 1831 et conduite par le Général Berthezène. Or les
surprises de cette campagne à travers des régions montagneuses
et au milieu de tribus guerrières, les conséquences désastreuses
de la retraite précipitée qui la termina, soulignent l'intérêt d'un
récit dû à un témoin impartial et bien averti.

Sans doute ne faut-il point s'attendre à ce que les préoccu-
pations militaires l'emportent chez ce chirurgien sur les remarques que lui dictent ses devoirs professionnels et la tournure
de son esprit. De nombreuses pages sont en effet consacrées à
noter quelques cas curieux de médecine ou de chirurgie ;
parfois même, M. Baudens se laisse entraîner à des développe-
ments sur les pratiques des *toubibs* et matrones indigènes.
S'agit-il des effets de la racine de pyrèthre, il raconte longue-
ment ce qu'il a observé à Alger auprès d'une Juive, soignée et
guérie par lui dans des circonstances assez dramatiques pour
rester gravées dans sa mémoire. S'agit-il des fractures du bras,
il décrit complaisamment l'appareil tout primitif dont se
servent les Arabes pour obtenir une immobilité à peu près
complète du membre. Ce sont là des faits qui, s'ils ne se
rapportent pas directement à l'expédition de Médéa, nous font
pénétrer plus profondément dans les coutumes de cette société
indigène, si différente de la nôtre, au milieu de laquelle les
événements de 1830 avaient brusquement jeté nos officiers.
Chirurgien major, le docteur Baudens n'a garde aussi d'oublier
tout ce qui se rapporte aux formations sanitaires de l'armée,
telles qu'elles fonctionnaient à ce moment, et ses confidences,
qu'il cherche pourtant à atténuer, nous laissent deviner bien des
lacunes et des fautes. La vie et la santé des hommes étaient
alors tenues pour bien peu de chose : on n'emporta pas tous les
objets nécessaires aux pansements ; on ne donna pas, sous
prétexte de nécessités stratégiques, le temps indispensable aux
amputations urgentes ; aussi les grands blessés périrent

presque tous faute de quelques heures de soins. On ne soutint les soldats valides ou invalides pendant cette dure campagne que par une alimentation insuffisante, des biscuits et de l'eau-de-vie. Les précautions les plus simples et les plus naturelles furent oubliées : ordre fut donné un jour de camper dans un bas-fond fiévreux, alors qu'à proximité se dressait un plateau salubre ; ordre fut donné un peu plus tard de poursuivre la marche en plein soleil, par un sirocco étouffant et meurtrier, et les hommes assoiffés et congestionnés s'égrenaient sur la route, n'ayant plus la force d'avancer et avec la perspective affolante d'être sans défense contre d'implacables ennemis. Par ces confidences on comprend mieux la démoralisation qui, dès le début, envahit l'armée et la prépara à la déroute. Ajoutez que, en se retirant des montagnes de Médéa, nos troupes furent suivies par les habitants de cette ville, que, dans la nuit où elles franchirent le col de Mouzaïa, elles subirent de nombreuses pertes et durent abandonner plusieurs blessés et qu'enfin, à partir de la ferme du bey d'Oran, elles traînèrent dans leurs rangs des hommes dangereusement atteints dont les plaies béantes n'avaient pas été pansées et dont les longs cris de souffrance épouvantaient les plus braves. Une relation médicale offre par là un puissant intérêt ; il serait à souhaiter que, pour les grands événements historiques, pour ceux du moins qui paraissent déconcertants, on ait les rapports médicaux. Chirurgiens et médecins sont des témoins dont on ne saurait négliger la déposition.

Chez le docteur Baudens, ce témoin se double d'un observateur curieux de l'Afrique et des peuples africains. Tout l'intéresse de ce côté de la Méditerranée parce que tout lui paraît nouveau et, plus ce qu'il verra ou entendra lui semblera original, plus forte sera l'impression et plus vif son désir de nous le rapporter. Le climat surtout le surprend par ses brusques variations ; il en étudiera les effets sur la santé des soldats. Avec précision, il enregistrera l'élévation anormale du thermomètre soit dans la traversée de la plaine de la Métidja, soit dans les vallées de l'Atlas. Le froid humide de la nuit, succédant à la chaleur accablante de la journée, est jugé par lui une des causes les plus actives des fièvres paludéennes ; il lui attribue la hâte que mettent les chefs à lever de bonne heure le camp afin de permettre aux soldats de se réchauffer par une marche matinale. Le sol et sa végétation spontanée, le sous-sol et ses richesses minières, attirent son attention avisée ; il signale les rares régions ombragées où les blessés ne sont point exposés aux rayons brûlants d'un soleil de feu et où toute l'armée peut se reposer de ses fatigues ; il décrit les plaines ou les plateaux, hier encore couverts par de splendides moissons ou par des herbes folles et aujourd'hui arides ou incendiés par les Arabes. La fécondité de l'Afrique du Nord en céréales de toutes sortes n'est certes pas épuisée et, à son avis, notre conquête doit dans l'avenir contribuer au ravitaillement de la métropole. Abondants sont les bestiaux, bœufs, chevaux, moutons et chameaux ; mais primitives sont les méthodes d'élevage et mesquins les résultats obtenus. Que l'on pratique une sélection intelligente ou un croisement avec nos belles races d'Europe, et la taille des bovins sera plus élevée, la laine des brebis plus longue, la forme des chevaux plus harmonieuse. Quant aux peuples qui se pressent et se mêlent dans les villes de la côte ou les landes de l'intérieur, il se plaît à les dénombrer, puis à en accuser les qualités et les défauts : Turcs asiatiques, tous soldats, caste privilégiée et dominante, aux mœurs dissolues, au fanatisme stérilisant ; Maures paresseux, habitants des villes, les seuls éléments industrieux cependant ; Coulouglis, métis de Turcs et de Mauresques, écartés jalousement des hautes fonctions à cause de leur origine, mais qui s'y poussent souvent et s'imposent ; Arabes pasteurs, d'une férocité sauvage et indomptable, couverts pour la plupart de haillons ; Kabyles, montagnards tenaces et grossiers, habitués à la guerre de ruses et d'embuscades, bons tireurs, qui considèrent comme un honneur de mourir les armes à la main pour la défense de leurs terres et de leurs familles ; Juifs indigènes, commerçants dans l'âme, mais détestés et méprisés par les Musulmans bien qu'ils leur soient nécessaires ; Nègres enfin, amenés par les caravanes du Soudan, esclaves accoutumés aux plus durs travaux, dévoués et fidèles jusqu'à la mort.

Joignez à cette étude de mœurs le pittoresque du récit, la multiplicité des anecdotes qui animent la narration et font porter l'intérêt non plus sur une collectivité mais sur un individu, un soldat, un blessé, un Arabe, tous êtres bien vivants, que l'on voit se battre, souffrir et mourir. Que de détails imprévus et passionnants ! Ici, c'est un pauvre troupier, malade, épuisé par la fatigue d'une longue étape. en proie aux ardeurs de la soif et aux suggestions de la fièvre, qui se suicide à la ferme de l'Agha ; là un Arabe, s'insinuant dans le camp français avec d'autres indigènes sous prétexte de vendre ses denrées, attaque traîtreusement un gendarme et lui lance son poignard. Sur le plateau d'Aouara, un nègre de haute taille, attaché au commandant Marey, attire sur lui l'attention des guerriers Righa et excite leur haine ; il se bat comme un forcené contre une bande d'assaillants et se retire de la mêlée sans aucune blessure. Ces faits isolés témoignent de l'acharnement des Kabyles, de la fourberie des Arabes, de l'épuisement des Français ; ils se multiplient au milieu de la nuit tragique lorsque le corps expéditionnaire, harcelé de toutes parts par des ennemis invisibles, s'éclairant seulement par un fanal dans les gorges profondes de ces montagnes peu connues, se traîne péniblement à travers les défilés, puis. à l'aube, précipite sa marche désordonnée sur les pentes rapides du Mouzaia. Le récit prend des allures d'épopée : les adversaires s'invectivent d'une colline à une autre ; les femmes et les enfants mêlent leurs cris au crépitement de la fusillade. Des méprises cruelles se produisent inévitables et funestes ; une femme arabe, d'une merveilleuse beauté, que, de Médéa, son mari emporte sur son cheval pour la soustraire aux vengeances des montagnards, est frappée d'une balle française. Des corps à corps furieux, des ruses de guerre, des fuites éperdues, tout est raconté avec un luxe de détails et une vigueur de touche, dignes d'un peintre militaire.

Qu'un médecin rappelle avec intérêt les pratiques empiriques des matrones et des toubibs indigènes, qu'un Français, nouvellement débarqué en Afrique, soit frappé par les nouveautés du climat et l'originalité des mœurs arabes et kabyles, qu'un chirurgien, chargé de la direction d'une ambulance, insiste sur la violence des combats dont il a pu apprécier le caractère meurtrier par le nombre des blessés à soigner, la chose est en somme simple, naturelle et elle ne saurait nous étonner. Mais que cet homme, habitué au demeurant, par ses études et par sa profession, à sonder les plaies, à amputer les bras et les jambes, à voir couler le sang, se montre secourable à tous et profondément ému par tant de misères, ce sentiment est à noter ; il donnera à toute la relation une note très personnelle et lui communiquera la chaleur de toutes les émotions vraies. Oh ! sans doute, la joie ressentie par le docteur Baudens à la fin de la campagne, quand il a la légitime satisfaction de se dire que ses efforts ont sauvé la vie à tous les blessés guérissables confiés à ses soins, n'est que l'émotion bien naturelle que laisse l'accomplissement du devoir professionnel ; ce n'est pas de ce sentiment que nous voulons parler, si noble et si élevé qu'il soit. Mais, dans toute la narration, on sent une profonde commisération pour ces pauvres soldats français, dont on ne ménage pas assez la santé et la force de résistance, de la pitié aussi pour ces indigènes victimes de leur confiance en notre force ou d'une méprise lamentable de nos troupiers, et même du respect, sinon de l'admiration, pour des ennemis que leurs instincts sanguinaires et leurs coutumes barbares poussent à se faire tuer bravement devant le front. La générosité de l'auteur est poussée à un si haut degré qu'elle le porte à excuser l'ordre du Général en chef de laisser à la population civile de Médéa une partie de l'approvisionnement en cartouches dont disposait l'armée pour son retour à Alger ; cet ordre faillit être fatal, car, de l'aveu même du docteur, le désastre ne fut évité que par suite de la maladresse des chefs ennemis et de leur imprévoyance. Aussi il est permis de regretter ce geste malheureux, si conforme soit-il aux traditions de notre race, comme on regrettera le retard apporté quelques jours plus tard à renforcer les postes de la Ferme Modèle et à évacuer les blessés. Le respect des autorités militaires, sous les ordres desquelles il est placé, dicte assurément au docteur Baudens son attitude et limite ses confidences ; il signale plus volontiers les actes de courage de ses chefs que leurs défaillances et, s'il ne cache pas complètement ces dernières, du moins cherche-t-il à les excuser par les intentions qui les leur ont inspirées. En définitive, la relation de l'expédition de Médéa, au lieu d'être un réquisitoire contre Berthezène et les autres chefs qui commandaient à côté de lui, se transforme en une plaidoirie habile à faire valoir les circonstances atténuantes.

Le manuscrit que nous publions a été découvert dans les archives de l'une des plus anciennes familles algériennes, la famille Rozey. Il s'y trouvait mêlé à des lettres, articles et ébauches d'ouvrages qu'a laissés M. A. G. Rozey, président de la Société Coloniale d'Alger en 1840, membre du Conseil suprême de Santé et ancien président de la Chambre de Commerce. Ce fut à M Rozey, ardent défenseur de la cause coloniale et des intérêts des colons algériens, que l'on doit un ouvrage dont le retentissement fut grand lors de sa publication, *les Cris de Conscience de l'Algérie*. Or M. le docteur Baudens et M. Rozey étaient en relations très étroites et il n'est point étonnant que ce manuscrit, œuvre de jeunesse et non publié, soit resté entre les mains d'un ami sûr et dévoué. Il est à présumer que, si l'on se livrait à des recherches dans les archives privées d'Alger, on ferait des découvertes intéressantes.

Le manuscrit est un cahier contenant 74 pages de texte ; il est écrit d'une écriture assez fine et serrée sur des pages de grand format. Le papier en est de qualité inférieure ; aussi a-t-il mal résisté à l'épreuve du temps. De teinte grise et presque jaunâtre, il est semé de taches de rouille et de moisissure. Les bords en sont rongés par les mites ainsi que les premières feuilles. Difficile et parfois incertaine est la lecture. Notamment la préface a dû être en partie reconstituée, certains mots ayant disparu ou n'ayant plus que quelques lettres. Il est vrai que, cette préface, l'auteur a voulu la supprimer et que nous ne la donnons dans une note qu'à titre de simple indication. Dès le second ou le troisième feuillet, le manuscrit est complet et facile à déchiffrer.

Dans certaines parties, assez rares d'ailleurs, le texte est raturé et surchargé. Il n'est pas douteux que la relation a été écrite trois ans au moins après l'expédition elle-même ; l'auteur y parle en effet des chemins ouverts dans les environs d'Alger par le Général Voirol et rappelle les événements malheureux qui marquèrent en 1833 la tentative faite par la Commission d'Afrique pour visiter Blida et dirigée par ce même Général. C'est dans les premiers mois de l'année 1834 que nous plaçons la composition de ce Mémoire, par conséquent à la veille du débat parlementaire dont on attendait la solution décisive de la question d'Afrique. Notre conviction s'appuie sur les premiers mots de la préface : dans le texte primitif, il y avait en effet ces mots : « Il y a près de *quatre années* qu'une armée française.... » mais le texte a été modifié un peu plus tard (l'encre n'est pas la même) et remplacé par celui-ci : « Depuis plus de *cinq ans* qu'une armée française.... » Les surcharges et les suppressions sont d'une date un peu postérieure ; nous les avons scrupuleusement indiquées dans les notes.

Est-il bien utile d'ajouter que, dans une publication de ce genre, la règle est de respecter la forme et le fond de la relation, et que cette règle nous l'avons suivie strictement ? Nous n'aurions pas parlé de cette obligation si naturelle à l'historien si nous n'avions été amené à y déroger pour une très faible partie du texte ; la modification est d'ailleurs de pure forme. Dans le manuscrit primitif, le long développement sur les *Effets de la Pyrèthre* était rejeté en note. M. Baudens y insistait sur un cas médical dont les rapports avec le récit général étaient indirects et lointains ; aussi avait-il considéré à ce moment, comme un hors-d'œuvre, les pages qu'il lui consacrait. Dans le texte définitif, ce hors-d'œuvre est incorporé au récit ; il nous a paru que cette incorporation détruisait les proportions du mémoire, rompait la continuité du récit et risquait de l'alourdir. Nous l'avons donc replacé dans les notes.

Enfin le manuscrit ne porte pas de signature, mais son authenticité ne peut pas être mise en doute. Si le docteur Baudens ne l'a pas signé, la raison en est qu'il se proposait de le compléter au point de vue médical par une étude des cas chirurgicaux les plus remarquables ; il le dit lui-même à deux reprises, au début et à la fin de son mémoire. De l'authenticité du texte, on possède au surplus deux preuves irrécusables : l'une est la note dans laquelle il nous donne la composition de l'ambulance à la tête de laquelle il était placé comme chirurgien major et, dans la relation, il précise que celui qui l'a écrite a suivi l'expédition en cette qualité. Puis il suffit de se reporter à sa brochure sur l'Expédition de Constantine ; on y retrouve des pages entières qu'il emprunte à une première œuvre et il peut le faire parce qu'elle n'avait pas été publiée.

Victor DEMONTÈS.

RELATION DE L'EXPÉDITION DE MÉDÉAH [1]

Le Bey de Titteri [2] Bou Mezrag [3], surnommé le Père la
Pique à cause de l'habitude qu'il avait de tuer souvent des

1. En tête de cette relation, se trouvaient quelques lignes de préface, mais sur le texte deux grandes ratures témoignaient du désir de l'auteur de les supprimer. Nous ne les donnons ici qu'à titre d'indication pour préciser la date des corrections apportées à ce Mémoire et celle que le docteur Baudens avait choisie pour essayer de le publier :

« Depuis près de cinq ans qu'une armée française est à Alger,
« nous avons vu plusieurs fois une partie de nos troupes s'avancer
« à plusieurs lieues dans l'intérieur de ce pays, afin d'interroger
« cette partie de l'Afrique encore vierge d'investigations. Rien cepen-
« dant n'a encore été publié sur ce sujet, aussi digne de l'attention
« des naturalistes que des hommes de guerre. Une plume plus
« habile que la mienne devrait, je le sens, accomplir la tâche que je
« me propose et, si je prends aujourd'hui cette initiative, je n'ai pas
« la prétention de faire un mémoire complet. Je dirai ce que j'ai vu
« et, si ma brochure n'a pas d'autre mérite, elle aura au moins
« celui d'être vraie.

« Je traiterai d'abord de la topographie du pays que nous avons
« parcouru et ensuite je ferai connaître toutes les observations chi-
« rurgicales que j'ai été à même de faire.

« Un jour viendra sans doute où l'histoire d'Alger sera tracée
« sur une plus large base ; je m'estimerai heureux si la pierre
« que j'apporte à la construction de ce monument peut y trouver sa
« place. »

2. Le Titteri est la région montagneuse qui s'étend au Sud de Blida jusqu'à Boghari. A l'Ouest, sa limite est la trouée du Chélif, à l'Est la dépression de Sidi Aïssa, au Sud les steppes, au Nord l'oued El Hahoun, affluent du Chélif, l'oued Tafrout, l'oued Mesfaia. L'ancien beylik turc était plus étendu et avait pour capitale Médéa.

Les études et ouvrages sur le Titteri remontent généralement aux premières années de la conquête ; on en trouvera l'énumération dans Playfair. Comme publication nouvelle, la seule que nous connaissions est celle de M. Joly : *Etude sur le Titteri. Bull. Soc. Géog. Alger.* 1er trim. 1906 et 1er et 2e trim. 1907.

3. Sur Oulid bou Mezrag et la première expédition de Médéa, con-

Arabes avec cette arme, s'étant révolté et proclamé pacha, obligea le Maréchal Clauzel en novembre 1830 de recommencer les hostilités. Les troupes françaises ayant pénétré dans l'Atlas, Bou Mezrag fut vaincu et fait prisonnier.

Ce glorieux fait d'armes jeta la terreur parmi les Arabes, et nous permit de leur donner pour nouveau chef, Mustapha Ben hadji Omar [1], négociant qui avait beaucoup voyagé en Asie et en Europe. Ce maure était capable, mais d'une sordide avarice ; nous le laissâmes à Médéah avec un bataillon du 20e de ligne, fort de douze cents hommes.

Caractère de Mustapha Ben hadji Omar devenu Bey de Titteri.

sulter : Pellissier de Reynaud : *Annales Algériennes*, livre VI, p. 130-140 ; Victor Demontès : *Le Général Clauzel, un colonisateur (Bull. Soc. Géog. Alger*, 1er trim. 1904, p. 51-60) ; Victor Demontès : *Les Préventions de Berthezène. Rapport de Duvivier*. (Paris, Larose, 1918, in-8°, p. 265-272, avec un croquis du plateau de Aouara).

On trouvera enfin dans les Papiers personnels de Berthezène (Archives du Gouvernement Général de l'Algérie, E 11-36) de nombreuses lettres relatives à cette expédition et notamment une lettre du jeune Mac-Mahon.

1. Mustapha ben el Hadj Omar, Maure d'Alger et négociant, fut nommé bey de Titteri, sur la proposition du conseil municipal, par arrêté du Général Clauzel le 15 novembre 1830. Il fut installé à son poste le 23 novembre pendant la première expédition de Médéa et ramené par le Général Berthezène à Alger au cours de la seconde, précisément celle dont il est question ici.

Bien qu'il n'ait point réussi dans l'administration de Médéa, il fut envoyé peu de temps après à Oran avec le même titre pour remplacer le représentant du prince tunisien Keredin Agha, rappelé à Tunis à la suite du refus du gouvernement français de ratifier le traité Clauzel. Pas plus que dans les autres, il ne réussit dans cette nouvelle mission et il eut des démêlés retentissants avec les généraux Faudoas et Boyer.

L'erreur était en effet grossière de vouloir faire administrer les Arabes par un Maure doublé d'un négociant : « Les Arabes de la « province, dit le Général Boyer, ont haussé les épaules de mépris « devant sa dignité. Ce n'est pas un Maure qu'il leur faut pour les « gouverner ; ils méprisent tous cette caste qui a perdu toute la « valeur qu'elle a déployée jadis en Espagne. Cette race est depuis « longtemps destinée au commerce : cette vocation est honorable. « Qu'elle y reste attachée, c'est son lot d'aujourd'hui. » (Victor Demontès : *Les Préventions de Berthezène*, p. 259).

Le Maréchal Clauzel avait fait un traité [1] par suite duquel Oran et Constantine étaient administrés par le frère du Bey de Tunis, moyennant une redevance de 2.000.000. Ce traité nous permettant d'occuper Alger, Médéah et Bône par nous-mêmes, Oran et Constantine par nos alliés, notre influence s'étendait sur toute la Régence. Ce projet n'ayant pu se réaliser, on dut retirer les troupes de Médéah, et le Bey y resta seul. Ses coreligionnaires avaient à s'en plaindre et sa position devint critique. En effet, l'élévation soudaine de ce chef, imposé par une armée ennemie, blessait assez la nationalité des indigènes pour que Ben Omar dût sentir ce côté faible de sa position et ne point se dépouiller de la seule popularité à laquelle il lui fût permis d'aspirer encore, celle que donnent le désintéressement et la justice, aux yeux d'un peuple brut, tourmenté par la soif de l'or et par l'instinct de l'égalité.

Ces vertus, rares même chez les nations les plus civilisées de l'Europe, ne se montrèrent pas dans un ancien chef de forbans dont le contact avec des Européens avait pu adoucir les mœurs, mais dont toute l'ambition et tout le système politique n'en reposaient pas moins sur un étroit et vil égoïsme, je veux dire sur un insatiable besoin d'assouvir son avarice et ses passions brutales [2]. Si l'on

1. Nous avons donné le texte de ce traité dans notre brochure : *La Mission du commandant Huder à Tunis, 1831* (Extrait du *Bulletin de Géographie historique et descriptive*, 1905, nᵛ 2).

Les différences étaient grandes entre les textes français et arabe : de là des dissentiments entre les deux gouvernements français et tunisien et des prétentions divergentes. Voir aussi Ladreit de Lacharrière : *Un Essai de pénétration pacifique en Algérie* (Revue d'histoire diplomatique, 1909, nᵒˢ 2 et 3).

Nous publierons prochainement la très curieuse histoire de ce protectorat tunisien à Oran pendant six mois.

2. El Hadj Omar ne se préoccupa à Oran que de gagner de l'argent. Il vendit de nombreux *tiskerets* ou autorisations d'exporter

Causes de l'insurrection des gens de Médéah contre le Bey Omar.

Deux partis distincts divisent la population de Médéah.

Fausse sécurité de notre part à l'égard des tribus.

convient que toute la sagesse, et toutes les vertus humaines, suffisent à peine. pour étayer un pouvoir fondé sur la domination étrangère, on concevra combien notre Bey dût être odieux aux habitants de Médéah, et par l'origine même de son pouvoir, et par l'abus qu'il en faisait.

La population de Médéah, depuis notre invasion, se divisait en deux partis distincts : l'un, composé de Maures apathiques et de Juifs pusillanimes, s'était aliéné les Kabayls en refusant de courir leur fortune, en souffrant la garnison française dans leurs murs, en gardant enfin, par leur inertie, une sorte de neutralité entre l'indépendance nationale et la domination française. L'autre parti avait pour noyau, pour centre de conspiration et d'action, les Turcs dont l'orgueil ne peut sympathiser avec des maîtres et le mahométisme avec des chrétiens.

Grâce à l'influence morale que la crainte de nos armes exerçait sur les habitants de Médéah, Ben Omar parvint à se maintenir quelque temps encore, mais, l'insurrection ébranlant chaque jour et de plus en plus son pouvoir [1], on pensa le raffermir en allant châtier les rebelles. L'opinion générale était qu'arrivé à Médéah l'on trouverait les tribus craintives et soumises ; il n'en fut pas ainsi, et, au lieu de consolider le Bey, on dut l'emmener. Mais ne devançons pas les évènements.

certaines quantités de blé ; à son départ, ces tiskerets furent achetés par le vice-consul d'Angleterre Welsford, l'ennemi de la cause française, ce qui amena un violent conflit entre cet agent diplomatique anglais et le général Boyer.

1. Dans les papiers personnels de Berthezène (A. G. G. A., E 19 et 20) se rencontrent de nombreuses lettres d'El Hadj Omar et de plusieurs notabilités musulmanes de Médéa, suppliant le général Berthezène de venir les délivrer. La ville était cernée et les habitants redoutaient d'être livrés à la férocité des montagnards kabyles des environs. Aussi la plupart d'entre eux préférèrent suivre le corps expéditionnaire à son retour à Alger que d'attendre dans la ville les représailles de leurs coreligionnaires.

Le 25 juin 1831, 6.000 hommes ayant avec eux une batterie d'artillerie de montagne et commandés par le Lieutenant-Général Berthezène [1] sortirent d'Alger pour aller remplir cette mission [2] dont je fis partie en qualité de chirurgien major de l'ambulance [3].

Vers trois à quatre heures après dîner, l'armée qui

Départ d'Alger
de la colonne
expédition-
naire.

1. Le lieutenant-général Berthezène (Pierre, baron) avait fait partie du corps expéditionnaire sous le général de Bourmont ; la 1ᵉ Division qu'il commandait fut engagée à la bataille de Staouéli et on attribua à Berthezène tout le succès que l'armée remporta en cette journée : par là on voulait faire échec au général en chef. Berthezène ne tarda pas à quitter Alger, le 22 octobre 1830 ; mais, quand, de Paris, on voulut mettre un terme à la politique d'initiative de Clauzel, le Ministère choisit le prétendu vainqueur de Staouéli pour le remplacer ; il fut nommé commandant de la Division d'occupation d'Afrique le 31 janvier 1831 ; il devait rester en Algérie 11 mois, jusqu'au 26 décembre de la même année.

Irrésolu, sans esprit de décision, de caractère faible et d'un abord peu aimable, ce général auquel il faut reconnaître une honnêteté foncière malheureusement trop portée à s'exagérer ses mérites personnels, ne sut pas maintenir notre ascendant militaire et moral sur l'esprit des Arabes. Hostile à la colonisation du pays dont il dépréciait les ressources naturelles, il laissa à son successeur une situation assez embarrassée.

L'animosité de Berthezène contre les hommes et les choses d'Afrique persista et s'aviva après son départ. Il suffit pour s'en convaincre de lire son discours à la Chambre des Pairs du 17 avril 1833 ou le livre qu'il publia avant le débat parlementaire de 1834 et qui est intitulé : *Dix-huit mois à Alger*. Voir Victor Demontès : *Les Préventions de Berthezène* (Paris, Larose, 1918, in-8°).

2. (Passage supprimé dans le texte, mais qu'il intéressant de connaître) : « Je reçus mon ordre de service deux jours avant le départ. « Je me rendis de suite au magasin central pour choisir deux caisses « à amputation et m'assurer que le matériel de mon ambulance « était complet et en bon état. Le résultat de l'examen fut peu « satisfaisant et j'en fis mon rapport. J'aurais dû emporter au « moins avec moi les objets de premier secours, mais on ne tint « aucun compte de mes demandes, dans la conviction sans doute « qu'il ne serait pas tiré un seul coup de fusil pendant l'expé- « dition. »

3. (*Note de l'auteur*). L'ambulance se composait de MM. Baudens, chirurgien-major, Derrily, aide-major, Lambert, Trialle, Jacques et Dutroquet, chirurgiens, sous-aides-majors ; pour la pharmacie, de MM. Rolle, aide-major, Noël et Frosté, sous-aides.

s'était réunie dans la plaine de Mustapha-pacha, située à une demi-lieue Est d'Alger, se mit en marche pour aller bivouaquer à deux lieues au delà, sur la lisière de la plaine de la Métidjah. Le chemin qui y conduit a été, dit-on, tracé par les Romains et fait communiquer Alger avec l'intérieur de l'Afrique. A mesure qu'on s'éloigne de Mustapha-pacha, cette route, en partie creusée dans le roc, devient plus difficile ; elle est dégradée par le déplacement des pavés et présente des montées et des descentes continuelles dont l'art ne pourrait parvenir à adoucir la pente qu'en tournant les mamelons et en pratiquant ainsi un nouveau chemin, comme on l'a déjà fait sur quelques points des environs d'Alger. Une grande quantité d'arbres ombragent chaque côté de cette route que bordent des haies odoriférantes. Celles-ci forment l'enceinte de nombreux jardins animés par de belles maisons de campagne et offrant les paysages les plus variés et les plus pittoresques. M. le Lieutenant·général Voirol [1] a fait ouvrir dans le roc, et par les soins de l'armée, une nou-

1. Le général Voirol fut gouverneur par intérim du mois d'avril 1833 au 22 juillet 1834. Il avait été envoyé avec le titre d'inspecteur et commandant des troupes ; mais la mort du duc de Rovigo lui fit confier le pouvoir intérimaire. Cette situation provisoire dura dix-huit mois ; elle ne devait prendre fin qu'à la nomination de Drouet d'Erlon.

On doit à Voirol une excellente administration ; il fut à la fois bienveillant envers les colons, juste et ferme à l'égard des indigènes que surveillait Lamoricière, placé à la tête du 1er bureau arabe. Ce fut sous son commandement qu'eut lieu l'arrivée à Alger des commissaires chargés d'enquêter sur l'état des choses en Afrique. Ceux-ci, avec le vieux général Bouet, voulurent visiter Blida ; une petite troupe de 2.000 hommes les accompagna ; elle était dirigée par Voirol. Or, au cours de quelques escarmouches, le général Bouet, sous prétexte d'ancienneté, substitua son autorité à celle de Voirol, ce qui suscita des mécontentements dans l'armée contre le *Vieux*. Voir Yver : *La Commission d'Afrique, 7 juillet-12 décembre 1833* (Extrait du *Recueil de Mémoires et de Textes, publié par l'Ecole des*

velle route vraiment royale, et qui va déboucher dans la
plaine de Métidjah. Le voyageur rencontre à une demi-
heure de distance l'un de l'autre, deux cafés turcs très
antiques, à colonnes et frontispices de marbre. Là, pour
un prix modique [1], il reçoit de la main d'un esclave
la pipe et le moka, ou bien, à l'ombre de magnifiques saules pleureurs, il peut se reposer et étancher sa
soif dans les sources d'une eau fraîche et limpide. Le
premier café s'appelle Birmandreis [2] et le second Birkadem [3]. Pendant la dernière heure de marche qui conduit
à la Métidjah, la route cesse d'être pavée ; la voie en est
large et uniforme ; la nature du sol, très léger et mouvant,

Lettres et des Médersas, en l'honneur du XIV° Congrès des Orientalistes à Alger).

Ce fut aussi sous Voirol qu'une expédition fut dirigée contre les
Hadjoutes, les corsaires de la plaine ; elle les chassa de la Métidja,
les razzia dans le bois de Kharézas et les obligea à demander l'aman
et à accepter le chef qu'il leur avait désigné.

Enfin ce général fit établir par les travailleurs militaires de belles
routes autour d'Alger et notamment celle dont il est question ici.
Son nom a été donné à un petit village situé au sommet de la
montée de Mustapha, là où avait été dressée une colonne rappelant
que la route fut ouverte sous son commandement ; de là le nom
donné à cette agglomération, la Colonne Voirol.

1. (*Note du manuscrit*). Cinq centimes.

2. Birmandreis est un petit village des environs d'Alger, à 7 kilomètres de cette ville, dans un bas-fonds où commence le ravin de la
Femme Sauvage conduisant au Ruisseau. Là se trouvait un puits
très abondant, « le puits de Mahmoud Reis », un ancien corsaire,
d'où par abréviation on a fait Birmandreis. Le village européen a
une population de 2.784 habitants dont 1.920 Européens et 864 indigènes (1911). Les environs sont fort bien cultivés : de nombreuses
cultures maraîchères, des vignes, des arbres fruitiers. C'est en
somme la grande banlieue d'Alger avec ses nombreuses villas.

3. Birkadem est aujourd'hui un gros village des environs
d'Alger, à 11 kilomètres de la ville, sur la route qui, par la Métidja,
mène à Boufarik et à Blida. Autrefois c'était un beau café maure et
une fontaine : « A l'Est d'Aïn Zéboudja, on trouve le canton de
« Birkadem, le plus peuplé du Fahs. Il prend son nom de celui qui
« a été donné à un beau café maure et à une magnifique fontaine
« qui en occupent le centre. On voit dans le Fahs un grand

le fait céder sous le pied, ce qui rend la marche très pénible. Ici une épaisse forêt, composée d'une foule d'arbustes, masque au loin les côtés de cette route et a servi d'embuscade aux arabes, un mois plus tard, lorsqu'ils ont attaqué nos convois.

A six heures du soir, l'armée établit ses bivouacs à l'entrée de la plaine de Métidjah et, contre toutes les règles de l'hygiène, on fit choix d'un terrain très humide et marécageux, assis dans un bas-fond pourvu d'eau, il est vrai, mais dépouillé d'arbres.

Dès sept heures, il tombait une rosée si abondante qu'elle pénétrait les vêtements ; la température baissa considérablement pendant la nuit et un froid humide nous empêcha de jouir des douceurs du sommeil. Le thermomètre de Réaumur descendit à 16° au-dessus de zéro. Pour éviter ces influences fâcheuses, il eût suffi d'asseoir le camp sur le plateau qui domine ce bas-fond et de tenir les feux des bivouacs allumés pendant toute la nuit. Ces moyens hygiéniques eussent été d'une exécution d'autant plus facile qu'une grande quantité de bois recouvre ce plateau. Jusqu'ici nous n'avions point encore dépassé nos avant-postes, protégés à l'Est par deux compagnies du 30ᵉ régiment installées dans une grande ferme appelée

« nombre de cafés qui servent de points de réunion aux habitants, « mais il n'en est pas de plus beau, ni de mieux situé que celui « de Birkadem. » Pellissier de Reynaud : *Annales Algériennes*, I, p. 82.

Une partie des villages européens modernes ont été rétablis à côté ou autour de ces anciens cafés et des fontaines qui les alimentaient. D'où les noms qu'ils ont conservés : Birkadem, Birmandreis, Birtouta. Ajoutons que, dans le folklore indigène, chacune de ces fontaines avait son génie ou djenoun et sa légende.

L'étymologie du mot *Birkadem* est la suivante : *bir*, puits — *kadem*, négresse. C'était « le puits de la négresse ».

Le centre européen moderne a 2.817 habitants : 1.465 Européens et 1.352 indigènes.

Nos premiers bivouacs, leur mauvais choix.

Ferme-Modèle [1] et, à l'Ouest, par un blockhaus qui domine la route de Blidah. Dès trois heures du matin, l'armée se mit en marche et longea la plaine de Métidjah sur un chemin plat, mais peu commode aux voitures d'équipages à cause des épais buissons dont il était hérissé.

Après une heure de marche, nous foulâmes le sol de cette superbe et magnifique plaine [2], si riche d'avenir, et qui

Coup d'œil sur la plaine de Metidjah.

1. La Ferme Modèle, dont il sera si souvent question dans cette relation, avait été fondée en novembre 1830. Le Haouch Hassan Pacha, ancienne propriété domaniale, fut concédé, avec 1.000 hectares de terres situées sur les deux rives de l'Harrach vers l'extrémité de la plaine de Métidja, à une société anonyme en vue d'y créer une ferme expérimentale. Mais les terrains dont elle était formée, quoique très riches, étaient marécageux et malsains. Aussi acquit-elle rapidement une réputation d'insalubrité qui compromit les résultats de l'entreprise. Les colons qui y furent établis et les soldats chargés de la défendre y moururent en grand nombre, emportés par les fièvres paludéennes. Voir les lettres de Berthezène que nous citons dans notre ouvrage : *Les Préventions de Berthezène*, passim.

2. *Mélidja* ou *Mettidja* — et non *Mitidja*, dénomination que l'on emploie généralement, — est la grande et belle plaine située à proximité d'Alger, au Sud, entre l'Atlas et le Sahel. Orientée du Sud-Ouest au Nord-Est, elle s'étend sur une longueur d'environ 95 kilomètres avec une largeur variable de 15 à 30 kilomètres. Au moment de la conquête, elle était envahie par les marécages dans sa partie Nord, couverte de pâturages dans son centre et complantée de vergers et de cultures irrigables au pied de l'Atlas. Aujourd'hui elle a été assainie et on y a développé les irrigations partout où cela a été possible ; c'est une des régions les plus riches de la colonie et une de celles où la population française est le plus solidement établie.

L'étymologie est très contestée ; d'après M. Desparmet, notre collègue au Lycée d'Alger, un des arabisants qui connaissent le mieux la langue populaire arabe et les traditions des tribus de cette plaine, le mot *Mettidja* serait le nom d'une ville près de laquelle Mendil, chef des Maghraoua, défit Yahia ben Ghassia, partisan des Almoravides. On croit mais sans preuve que ce devait être Blida. Pour l'indigène, la Mettidja est le fond de la plaine où s'élèvent Blida, Oued el Alleug, Boufarik, jusqu'à l'oued Kerma et le Sahel du Tombeau de la Chrétienne. Les Français ont étendu ce nom à la plaine tout entière, de l'autre côté de l'Harrach.

embrasse vingt lieues de longueur sur quatre de largeur ; dirigée de l'Est à l'Ouest, elle aboutit par ses deux extrémités à la Méditerranée, circonstance qui devra. singulièrement favoriser les débouchés de ses produits, surtout si l'on rend navigables les principales rivières qui la traversent, telles que l'Aratch. le Mazafran [1], la Chiffah et la Hamise [2]. Au Nord et au Sud, elle est couronnée de montagnes dont les plus considérables, situées au Sud, appartiennent au petit Atlas. celles du Nord ne sont autres que les contreforts du Mont Boujereah [3] dont le point culminant domine à l'Ouest. Les vents du Nord n'ayant

1. Le Mazafran est un petit fleuve algérien qui coule à une quarantaine de kilomètres à l'Ouest d'Alger. Il est formé par la réunion de la Chiffa, du Bou Roumi et de l'oued Djer, tous trois descendus de l'Atlas Métidjien.

Etymologiquement, *ouad mza'fran* signifie *l'oued safrané, jaune*; car, dans sa traversée de la Métidja. il ronge ses berges de terres jaunes et ses eaux prennent cette couleur. Son débit est relativement abondant en toutes saisons, à cause de la richesse en sources du bassin de la Chiffa et du drainage des eaux d'irrigation de la Métidja occidentale. Il coule au pied de la colline où est bâtie Coléa, passe par une gorge sinueuse entre le Sahel d'Alger et celui de Coléa et atteint la mer entre Douaouda et Zéralda.

2. Le nom de Hamize n'a pas d'étymologie certaine. Peut-être signifie-t-il « acidulé ». L'oued de ce nom est un petit fleuve du département d'Alger. Comme l'Harrach, il prend sa source dans l'Atlas Métidjien. coule dans des gorges profondes (région de Sakamody), passe à l'Arbatache, entre en plaine au Fondouk et traverse la plaine de la Métidja, puis va se jeter à la mer dans la baie d'Alger entre Fort-de-l'Eau et le Cap Matifou. On a barré ce torrent dans les gorges, ce qui a permis d'irriguer plusieurs milliers d'hectares : mais ce barrage, qui a 35 mètres de haut et devrait théoriquement retenir 14 millions de mètres cubes, s'envase rapidement, comme d'ailleurs presque tous les barrages algériens, les rivières sur lesquelles ils sont établis charriant des eaux limoneuses. On donne quelquefois à ce torrent le nom d'Oued el Khemis, la « rivière du cinquième », car sur ses bords se tenait un marché, le cinquième jour de la semaine, le jeudi.

3. On désigne sous le nom de Bouzaréa une montagne de 404 mètres qui domine Alger au Sud-Ouest. Elle est formée de roches anciennes : granit, gneiss, schistes avec quelques veines de

qu'un difficile accès dans cette plaine, la chaleur se trouve concentrée, comme encaissée, et s'y fait sentir avec bien plus de force qu'à Alger. Une foule de ruisseaux la traversent en tous sens pour lui porter ainsi la vie et la fertilité : aussi, est-ce là, réellement, la terre promise, le sol qui doit payer au centuple les sueurs du colon laborieux.

Ce sol est recouvert de quinze à vingt pieds de terre végétale qu'accroît, chaque jour, l'écoulement des eaux vomies par les montagnes, mais, depuis près d'un siècle, ces terres qui n'attendent qu'une main d'homme pour donner avec abondance les produits de nos colonies les plus lointaines sont restées sans culture. Les nombreuses maisons de campagnes dont elles s'embellissaient n'offrent plus que décombres et le défaut de soins, donnés à l'écoulement des eaux, a formé des marais, où l'on aperçoit encore, debout, deux beaux et grands bâtiments : l'un d'eux situé à l'entrée de Métidjah, distant d'une lieue de la mer, est devenue la Ferme Modèle dont nous avons parlé ; l'autre, situé sur le rivage de la Méditerranée, est aujourd'hui une forteresse et porte le nom de Maison-Carrée [1], à raison du parallélogramme dont elle offre la figure. Ces deux bâtiments sont occupés militairement ; ce sont les postes les plus avancés que nous ayons encore sur cette ligne en 1835. L'influence des effluves qui. pen-

La Ferme Modèle.

La Maison-Carrée.

porphyre. Sur le pourtour, existent des noyaux calcaires métamorphisés dont on s'est servi pour construire Alger. La montagne paraît avoir été habitée pendant les temps préhistoriques : des instruments en pierre ont été découverts dans les grottes de la Pointe Pescade et dans le grand rocher de Guyotville ; là se trouvent aussi des dolmens.

1. Maison-Carrée (Bordj el Kantara, bâti en 1724 par les Turcs) commandait la partie inférieure du cours de l'Harrach. Ce poste, qui est à peu de distance de la mer et à 12 kilomètres au Sud-Est d'Alger, était entouré par une région basse, marécageuse et

Lieux maréca-
geux, leur
influence fâ-
cheuse.
Moyens d'y
remédier.

dant les mois de Juillet, Août et Septembre, s'élèvent des marais par suite de la décomposition des substances végétales qui ont péri submergées pendant la saison des pluies, rend ce séjour pernicieux aux troupes pendant cette période de l'année ; aussi il est vrai de dire que l'abondance des eaux qui doit faire la prospérité de la colonie sera pour elle un fléau jusqu'à ce qu'une main habile, s'opposant à son débordement, en ait rétabli le cours et les digues pour en reformer des affluents de l'Aratch et du Mazafran. Cette influence fâcheuse rayonne au loin, et arrive, quelquefois, jusqu'auprès d'Alger, à Mustapha-Pacha [1], où elle s'arrête. Les Algériens, qui depuis longtemps ont fait cette remarque, désertent pendant ces trois mois de l'année les campagnes qu'empoisonnent les gaz méphitiques provenant de la plaine. Nos troupes au contraire, que des raisons de stratégie ont retenues dans leurs cantonnements, sont demeurées exposées à leur action. Depuis 1833, ces postes avancés sont gardés par des tribus arabes amies et, la garnison française s'étant repliée sur Alger, le chiffre des hommes atteints de fièvre intermittente a été infiniment moins élevé que celui des années précé-

pourtant il n'était pas possible de ne pas l'occuper pour arrêter toute incursion kabyle ; par là passait une route importante.

La situation de Maison-Carrée était si privilégiée qu'aujourd'hui il s'est formé en ce point un gros centre à la fois agricole, industriel et commerçant ; c'est un chef-lieu de canton et une commune de plein exercice du département d'Alger. Sa population s'élève à 9.678 habitants (1911) : Européens 5.997, indigènes 3.681.

1. On désignait à ce moment par Mustapha Pacha le quartier qui se trouvait au-delà de la porte Bab Azoun et que l'on appelle maintenant Mustapha. Les indigènes ont d'ailleurs gardé l'ancienne dénomination.

Quant au chemin, dit route de Mustapha Pacha, conduisant dans la Métidja, il s'appelait le Trek el Soultania, la route royale. Quelques vestiges en restent encore. Consulter Klein : *Feuillets d'El Djezaïr*, V (Alger, Fontana, 1913, p. 14-17.)

dentes ; les miasmes marécageux disparaîtront par la culture des terres et par le desséchement.

Ces mesures prises pour la première fois par le Duc de Rovigo [1] ne sont pas moins habiles sous le rapport politique que sous celui de l'hygiène, puisque les Arabes qu'on nous représentait naguère encore comme des tigres indomptables, rangés dès ce jour sous nos drapeaux moyennant une solde modique, n'ont cessé de combattre aux avant-postes contre leurs coreligionnaires. On a donné à cette espèce de garde nationale indigène le nom de *Zaphir*.

Mesures prises par le Duc de Rovigo et par son Lt. Général Voirol.

Garde nationale indigène.

Cette opération est indispensable si l'on veut coloniser. Des essais de cette nature ont déjà justifié cette opération. Le village de Kouba, peu distant de la plaine, fut décimé

---

1. Savary, duc de Rovigo (Anne-Jean-Marie-René), est né à Marq (Ardennes) le 26 avril 1774 et mort à Paris le 2 juin 1833. Parti comme simple soldat en 1790, il conquit assez lentement ses grades dans les armées de la Révolution et du Directoire. En 1800, il était nommé colonel et, à ce titre, devint aide de camp du général Bonaparte, le 26 octobre 1800. Général de brigade en 1803, général de division en 1805, il reçut le titre de duc de Rovigo et fut appelé à la Police Générale le 3 juin 1810. Mais la chute de Napoléon le fit mettre en non activité.

Le 6 décembre 1831, le gouvernement de Juillet lui donna le commandement en chef du corps d'occupation d'Afrique, mais il fut emporté par une affection au larynx en 1833. Il s'était marié en 1802 avec Mlle Marie-Charlotte-Félicité de Faudoas Barbazan. Son beau-frère, le général Faudoas, l'avait précédé de quelques mois en Afrique et avait commandé à Oran avant l'arrivée du général Boyer.

On doit au duc de Rovigo de grands travaux publics exécutés en Afrique par la main-d'œuvre militaire. Aussi son nom a-t-il été donné à une belle route qui, d'Alger, monte vers la Casba et à un centre de colonisation de la Métidja.

Il a laissé des *Mémoires pour servir à l'histoire de l'empereur Napoléon*. Paris, 1828. M. Esquer, archiviste du gouvernement général, a commencé la publication de sa correspondance relative à l'Afrique ; un premier volume a paru : *Correspondance du Duc de Rovigo, 1831-1833* (Alger, Jourdan, 1914, in-8°).

Causes des fièvres intermittentes.

par les fièvres intermittentes en 1832 et depuis lors l'épidémie n'a plus reparu. Si l'on ajoute à cette cause déjà toute-puissante la violation de presque toutes les lois de l'hygiène militaire [1], on concevra que, sous l'empire de telles causes prédisposantes, les maladies miasmatiques, depuis la simple intermittente jusqu'aux fièvres pernicieuses, ont dû sévir avec beaucoup de force sur les régiments cantonnés à l'Est d'Alger, tandis que le 15e régiment qui occupait l'Ouest de la ville n'a point, ou presque point, été atteint de ce genre de maladie. Les flux diarrhéiques et dysentériques qui avaient exercé leur empire sur une très grande partie de l'armée, pendant l'été de 1830, tenaient à des causes inhérentes à la guerre, au défaut de légumes et de viandes fraîches, aux bivouacs qui exposaient le soldat, le jour, à l'action du soleil brûlant, et la nuit, au froid et à l'humidité. C'est à tort qu'on a avancé que ces maladies sont endémiques au pays ; car depuis 1830 nous en avons à peine rencontré les traces, et nous n'avons eu à soigner, pour ainsi dire, que des malades atteints de fièvres intermittentes dont nous venons de signaler le foyer et en même temps les moyens préservatifs [2].

A une demi-lieue dans la plaine de Métidjah et au

---

1. (*Note de l'auteur*). Depuis 1832 des mesures fort sages ont été prises à ce sujet. La retraite est battue à dix heures du matin et le soldat reste consigné au quartier jusqu'à trois heures après-midi pendant l'été. On a pourvu à son couchage. L'entrée des cabarets et des lieux de débauches lui est interdite, et sa santé est entretenue par les travaux d'utilité publique auxquels ses bras sont si sagement employés.

2. Sur la violence de ces fièvres et leur généralité, voir les deux documents que nous avons cités dans notre ouvrage : *Les Préventions de Berthezène contre la Colonisation d'Alger :* 1° Un rapport sur les Maladies qui ont régné à Alger pendant les mois de juin, juillet, août et septembre 1831 et 2° La lettre médicale adressée à M. le Médecin chef de l'armée (p. 124-151).

milieu d'un massif d'arbres composés d'oliviers et de figuiers, nous découvrîmes un puits appelé puits de Birtouta [1], assez profond, dont l'eau est peu agréable ; le goût et l'odorat me firent reconnaître la présence de l'hydrogène sulfuré, ce que je crois devoir attribuer au défaut de renouvellement de ce liquide. En effet, après en avoir extrait une certaine quantité, je m'aperçus qu'il était devenu plus potable.

Nous arrivâmes dans la matinée avant les fortes chaleurs à Bouffarique [2], espèce de bosquet composé en grande partie de superbes lauriers roses, de myrthes et de lentisques. Ces arbustes bordent des ruisseaux qui serpentent à travers des sites délicieux, forment au-dessus de l'eau une voûte impénétrable aux rayons du soleil, et s'opposent à sa trop grande évaporation, en même temps

----

1. Bir-Touta est composé de deux mots : *bir*, puits et *touta*, mûrier ; c'est là que se trouvait un petit puits dit « du mûrier ». Le village européen, éloigné de 26 kilomètres d'Alger, est entouré de terres basses, autrefois marécageuses, aujourd'hui drainées et particulièrement riches. Le nombre des habitants de la commune s'élève à 619 Européens et à 1.718 indigènes (1911). Les cultures les plus importantes sont celles des céréales, du tabac, de la vigne et des arbres fruitiers. Il y a une station de chemin de fer de la ligne Alger-Oran.

2. Boufarik, ville du département d'Alger : 11.085 habitants en 1911, dans la Métidja, à 34 kilomètres S.-O. d'Alger.

En 1830, sur l'emplacement où s'est élevée la ville, se tenait un marché indigène fréquenté, le marché du lundi (Soukh et tnin) de l'outhan des beni Khélil. A proximité s'étendaient des terrains couverts de broussailles et de marécages, mais ce point avait une réelle importance stratégique, car c'était là qu'on franchissait sur des ponts en branchage la ligne de marais bordant la lisière Nord de la Métidja. Pour pénétrer dans la plaine et gagner Blida, il fallait forcer ce passage et, en 1831 et 1832, plusieurs escarmouches et même des combats plus sérieux s'y livrèrent. Aussi le comte d'Erlon fut amené à y établir un camp permanent en mars 1835. Autour de cet établissement militaire se fonda un village de mercantis, érigé bientôt en centre par le maréchal Clauzel sous le nom de Médina. Voir Trumelet : *Histoire de Boufarik* (Alger, 1869, in-8°).

qu'ils en entretiennent la fraîcheur. Les Arabes, au nombre de 2.000 environ, tiennent là tous les lundis un marché considérable. Le terrain a peu de pente et les eaux y séjournent à la surface dans la saison des pluies. C'est pour leur donner un écoulement, et pour rendre le chemin praticable, que les indigènes y ont construit sept ponts en maçonnerie, très rapprochés l'un de l'autre, jetés au travers d'un chemin resserré appelé défilé de Bouffarique. Il eût été bien difficile de trouver un lieu plus propice au repos du soldat ; aussi y demeura-t-on plusieurs heures. Aujourd'hui ce séjour a pris un aspect européen par la présence du camp que le Lieutenant-général d'Erlon y a fait construire. A lui revient l'honneur du premier pas fait dans la plaine ; mais rappelons que son prédécesseur avait aplani les difficultés par les communications qu'il était parvenu à établir entre Alger et Bouffarique à l'aide des belles routes de Dély-Brahim à Douéra et de Douéra à la plaine.

Ce jour-là, 26 juin, la chaleur fut excessive et le thermomètre de Réaumur, exposé au soleil et suspendu à un arbre, se maintint de midi à deux heures au 51ᵉ degré. Ce fait qui pourra paraître étonnant, nous l'avons constaté, ainsi que le commandant d'artillerie De Camin et les officiers de sa batterie. A l'ombre, il y avait 10° de moins environ ; cette chaleur nous fit souffrir d'autant plus, que les vents de Nord-Ouest qui règnent si souvent à Alger, surtout pendant la deuxième portion du jour, et rafraîchissent si heureusement l'atmosphère, ne se sont point fait sentir dans la plaine. Je fis saigner deux fois un militaire qui fut apporté à l'ambulance dans un état apoplectique, et il reposait depuis deux heures, sous un berceau de feuillages, offrant quelques chances de salut, quand le signal du départ fut donné vers trois heures après-midi ;

il fallut l'emporter dans un caisson découvert. Je plaçai près de lui un infirmier et le confiai aux soins de l'un de mes aides ; mais, malgré ces précautions, une demi-heure s'était à peine écoulée qu'il avait cessé d'exister : l'action du soleil et les chocs de la voiture avaient probablement déterminé dans le cerveau un épanchement mortel.

Douze lieues environ séparent Alger de la ville de Blidah ; il nous restait encore deux fortes lieues à parcourir pour aller camper sous les murs de cette ville ainsi que le Général en Chef en avait l'intention. Nous fûmes contraints de nous arrêter à moitié chemin, parce que la chaleur excessive avait harassé l'armée et que les soldats, même les plus vigoureux, tombaient sur les côtés de la route comme anéantis. Leur nombre grossissait à chaque pas, tellement qu'il était de quatre à cinq cents, quand j'allai en informer le Général en Chef [1]. L'impossibilité d'aller plus loin imposa la nécessité de s'arrêter bientôt, et de bivouaquer sur un terrain très propice. Son élévation et sa sécheresse, la présence d'épais buissons et de nombreux arbustes permirent d'établir des feux, et en même temps des abris contre l'humidité. Le voisinage d'un gros ruisseau, dont le courant est très rapide, fournit, en abondance, d'excellente eau qui charriait un grand nombre de tortues. Elles ont servi à faire du bouillon. La chair de

La chaleur excessive oblige l'armée à suspendre sa marche et à établir ses seconds bivouacs dans un site très favorable.

Bouillon de Tortue.

---

1. (*Note de l'auteur*). Modifier l'habillement de l'homme de guerre sous le ciel de l'Afrique, ce serait concilier les intérêts de l'Etat avec la santé du soldat. Ce dernier devrait avoir un large pantalon de toile cotonneuse très forte, une ample blouse de même tissu et une casquette munie d'une grande visière. Pour la nuit il aurait un bernous : ce vêtement très léger à porter est en même temps très chaud, le capuchon dont il est surmonté préserverait la tête du froid humide des nuits. Cet équipement complet coûterait au plus quarante francs ; il faudrait débarrasser le soldat de sa giberne et de son sabre. En Afrique, il ne combat jamais à l'arme blanche, et la baïonnette au bout du fusil est suffisante.

ces animaux est très rouge, très saignante et a beaucoup d'analogie pour la couleur avec celle du bœuf mal saigné. Quant au goût, elle ressemble à celle du veau avec cette différence toutefois, qu'elle est dure et coriace, ce qu'il faut peut-être attribuer à ce qu'elle n'était pas mortifiée. Pendant la nuit, le thermomètre Réaumur descendit au 18°, mais l'humidité se fit à peine sentir.

A trois heures, on se remit en marche et, au lever du soleil, l'armée défilait sous les murs de Blidah. C'est ici que des Cheicks de tribus vinrent faire leur soumission et baiser les mains du Lieutenant Général avec mille démonstrations d'amitié. Nous les verrons, lors de notre retour, violer les traités dont ils ne conservent jamais la foi qu'autant qu'ils sont liés par leur propre intérêt, et tomber avec acharnement sur les flancs de notre colonne.

Blidah [1], le verger et le jardin d'Alger, est bâtie en

1. Blida est une coquette ville du département d'Alger ; elle est distante d'Alger de 50 kilomètres et peuplée de 20.208 habitants. Avec les faubourgs et les villages avoisinants, la population de la commune atteignait 35.461 en 1911.

Elle est située dans la partie Sud de la Métidja, sur le cône de déjection d'un torrent dangereux, l'oued Sidi el Kébir, mais elle possède beaucoup d'eau, de splendides jardins et des terres de première qualité. Ses plantations d'orangers, réputées autrefois pour les plus belles de la Régence, faisaient la parure de la ville, surnommée *la petite rose de la Métidja*, où la vie était aisée, les mœurs des femmes faciles et où les Maures de la grande ville voisine venaient passer les mois d'été.

Elle avait été fondée au début du xvie siècle par le marabout Sidi Ahmed el Kébir. Un tremblement de terre la détruisit quelques années avant le débarquement des troupes françaises en Afrique ; elle fut reconstruite. Le général de Bourmont dirigea vers elle une petite expédition, comprenant 1.200 fantassins, 100 chevaux, 4 canons, fut bien accueilli mais ne pénétra pas dans la ville. Le maréchal Clauzel l'occupa en 1830 dans sa marche sur Médéa et y laissa une petite garnison sous les ordres du commandant Rhullières. Nos soldats y furent attaqués par les tribus kabyles des environs qui réussirent à franchir les murs, commirent sur la population les pires atrocités et saccagèrent quelques quartiers ; une manœuvre

amphithéâtre sur le versant septentrional du petit Atlas à l'entrée d'une gorge d'où surgit un des affluents du Maza-fran. Sa grandeur est médiocre et ses maisons calquées sur celles d'Alger n'ont toutefois qu'un seul étage. La plupart d'entre elles sont en mauvais état et tombent en ruines ; quelques minarets restent debout et paraissent avoir été respectés par un tremblement de terre qui en 1825 causa de grands désastres.

Une enceinte très vaste [1], fermée par un mur élevé de huit à dix pieds, renferme des terrains fort beaux situés en avant de la ville et y attenant. La nature ici a agi en liberté et sans symétrie, pour former le plus beau jardin de l'univers et le site le plus enchanteur qui puisse exister. Cette enceinte carrée, placée en dehors de la ville, fut bâtie après le grand tremblement de terre de 1825 parce que cette position paraissait convenir mieux que la première pour reconstruire Blidah ; mais, quand on eut fini les murs, on reconnut qu'il y aurait trop de pertes à abandonner l'ancienne ville et on renonça à ce projet.

Le sol des environs de Blidah est en plein rapport et très bien cultivé ; j'y ai remarqué des champs de lin de toute beauté, et de superbes potagers dont les produits sont vendus chaque jour par les Arabes sur le marché

habile et audacieuse parvint à les en chasser malgré leur grande supériorité et les pertes infligées à nos troupes.

Blida devint plus tard un centre de rassemblement de nos troupes : sous le général Bugeaud, elles s'y organisaient pour entreprendre les expéditions sur Miliana, Médéa et la vallée du Chélif. Cette occupation militaire lui fut d'abord funeste: les maisons furent démolies et les jardins dévastés. Sur la situation de la ville en 1841 et 1842, voir notre livre sur *La Colonisation militaire sous Bugeaud,* p. 110-112.

1. Blad el Djedida, la ville nouvelle. C'est le nom qu'après le trem-blement de terre de 1825 on avait donné à l'emplacement sur lequel on devait bâtir Blida, mais que l'on abandonna. D'après Trumelet : *Blida* (Alger, Jourdan, 1887, in-8°), p. 87.

d'Alger. J'ai été frappé surtout de la beauté et de la grosseur des choux-fleurs, dont j'ai maintes fois, mais toujours vainement, demandé de la graine aux Arabes intéressés à posséder seuls cette espèce dont ils nous vendent chèrement les produits.

Reconnaissance faite sur Blidah en 1833 par la Commission envoyée d'Alger par le Gouvernement.

La commission [1], envoyée à Alger par le gouvernement français pour recueillir tous les renseignements sur les avantages que peut offrir cette colonie, se mit en route pour Blidah le 24 septembre 1833. Elle était protégée par une colonne militaire ; arrivée sous les murs de cette ville, une députation composée de notables, apportant en signe de paix, des paniers de raisin qu'on accepta avec le même empressement qu'elle mettait à les offrir, vint la supplier de ne pas aller plus loin. « Vos visites, dit-elle « avec raison, nous compromettent aux yeux des Kabayls ; « demeurez parmi nous pour nous défendre ; si non, « éloignez-vous si vous ne voulez pas nous exposer à leur « ressentiment. » Le Général comprenant la justesse de cette allocution se contenta de traverser Blidah au galop, accompagné de ses aides-de-camp, afin de prendre un aperçu de cette ville dont l'occupation est une question vitale pour la colonie.

Cette expédition a été faite sans qu'il y ait eu un seul homme tué ou blessé dans la colonne, mais elle fut précédée et accompagnée d'événements malheureux. La veille,

1. M. Georges Yver, professeur à la Faculté des Lettres d'Alger, a publié une étude fort documentée sur l'histoire et les travaux de cette commission : *La Commission d'Afrique 7 Juillet-12 Décembre 1833*. Alger, 1905, in-8°. (Extrait du *Recueil des Mémoires et Textes publié par l'Ecole des Lettres et des Medersas*, en l'honneur du XIVe Congrès des Orientalistes à Alger).

On y trouvera le récit des événements qui marquèrent le voyage des commissaires dans leur tentative de visiter Blida et un exposé des conclusions auxquelles ils s'arrêtèrent d'accord avec les autres commissaires qu'on leur adjoignit à Paris.

le Kaïd de Bouffarique, notre allié, avait été assassiné, et, à notre passage, son cadavre était sur le chemin. Ce jour même, une douzaine d'imprudents, restés en arrière, voulurent rejoindre la colonne qu'ils avaient laissé partir depuis plusieurs heures, ils devaient tous périr, mais il n'en fut pas ainsi. Un soldat, un cantinier, sa femme et sa fille s'engagèrent dans le défilé de Bouffarique avec leur voiture chargée de comestibles ; les Arabes tuèrent les deux hommes et la femme. La jeune fille, âgée de dix ans, s'échappa, se rendit au village le plus proche à Guerouaou [1] où elle fut recueillie par les habitants. Plusieurs chefs voulurent la leur enlever ; ils la cachèrent, en donnèrent avis à Alger, en disant de l'envoyer prendre en secret, et de nuit, pour que les autres Arabes ne les en punissent pas. On y envoya, mais le bataillon arriva de jour à Bouffarique tambour battant. Les gens de Guerouaou se seraient compromis en livrant la jeune fille ainsi ostensiblement. Ils l'emmenèrent dans les montagnes, et, la nuit suivante, quinze cavaliers la ramenèrent à Alger ; l'un d'eux fut tué dans le trajet par des hommes de la tribu de Bomkeb. Il est à regretter que les Européens n'aient pas donné une forte récompense aux Arabes qui avaient ainsi sauvé cet enfant au péril de leurs jours.

Quatre autres Européens, accompagnés d'un arabe de

Evénements malheureux qui ont précédé et accompagné cette expédition militaire.

---

1. Guerouaou ou Guerrouaou était le nom que l'on donnait à une fraction indigène du douar commune des Ferroukha, dans la commune de plein exercice de Souma.

Elle appartenait autrefois à la tribu des Beni Khelil qui se rallia de bonne heure à la France mais trahit notre cause lors de l'invasion de la Métidja par les Réguliers d'Abd el Kader. Dans les combats qui suivirent, elle fut presque complètement anéantie : il n'en resta qu'une fraction, celle que Bugeaud voulut établir à Guerrouaou ; ce fut la première tentative de colonisation arabe, préconisée par ce gouverneur. Voir à ce sujet notre ouvrage : *La Colonisation Militaire de Bugeaud*, p. 509-513.

Blidah nommé Abdelcader el Gouridé, furent attaqués et dépouillés ; on voulait les tuer ; mais Abdelcader prouva à ses coreligionnaires qu'ils se compromettraient ainsi, tandis qu'en les sauvant tous, ils acquerraient des droits à une récompense. Il avait quelques amis dans un village voisin, il les fit venir et parvint à s'échapper avec un mot d'écrit d'un des Français pour le Général en Chef : on le poursuivit mais sans l'atteindre. Au retour de l'armée, les quatre Français furent rendus vivants.

Enfin un troisième groupe d'Européens marchant isolément à la gauche de la colonne, ayant reconnu avant d'être trop loin le péril de sa démarche, se retira à temps. Le maréchal des logis de la garde nationale à cheval fut mis à l'ordre de l'armée pour avoir sauvé un de ses compagnons qui était à pied, en le plaçant sur la croupe de son cheval pour l'emmener.

Les gens de Blidah étaient innocents de tous ces méfaits ainsi que de l'attaque insignifiante faite sur l'arrière-garde de la colonne par cent ou cent cinquante cavaliers des Hadjoutes [1].

Conduite sage du Lt. général Voirol. Le Général en Chef a eu grandement raison d'ajourner une vengeance qui dans le premier moment eût pu frapper l'innocent pour le coupable, tandis qu'exécutée avec

---

1. Hadjoutes, ancienne tribu de la Métidja dont le territoire a été livré presque en totalité au service de la colonisation ; quatre fractions sont actuellement réunies à la commune de plein exercice d'Ameur el Aïn : Ouled Hamidane, Medjouba, Sidi Kebir, Chatterbach. Elles forment une population de 1.300 individus environ.

La réputation des Hadjoutes a été grande durant les dix premières années de notre occupation. Ces hardis cavaliers terrorisèrent les colons français de la Métidja et du Sahel. Ils formaient alors deux fractions : les Hadjoutes el Outa (de la plaine) et les Hadjoutes Souhalia (du Sahel). C'était en somme un mélange d'aventuriers, un millier de familles environ, dont se servaient les Turcs pour exercer la police de la Métidja Occidentale.

réflexion, elle a imprimé dans toute la plaine une terreur salutaire.

Un grand nombre de ruisseaux s'écoulent des montagnes et viennent fertiliser ces terres dont les riches produits sont très variés. Blidah possède une source d'eau thermale dont l'analyse n'a point été faite encore ; sa renommée s'étend au loin, et attire dans la belle saison une foule d'Arabes infirmes. Peut-être, un jour, l'Européen, cherchant sous un autre ciel la santé qu'il n'aura pu trouver dans sa patrie, visitera ces sources [1], et leur demandera la guérison que les eaux de Bourbonne, de Barèges ou du Mont-d'Or lui auront refusée.

La plaine dans le terroir de Blidah cesse d'être aussi nue que dans les points que nous avons déjà parcourus ;

[1]. Les sources thermales algériennes sont nombreuses, car les pays de l'Afrique du Nord se trouvent à proximité d'une ligne de fracture de l'écorce terrestre. Quelques-unes sont fortement minéralisées et leurs eaux sont portées à une température élevée. Pourtant, malgré leurs propriétés curatives, elles sont peu ou point utilisées, excepté toutefois par les indigènes.

Elles ont donné lieu à des études dont les plus intéressantes et les plus récentes sont :

Dr Bertherand : *Des sources thermales et minérales de l'Algérie, au point de vue de l'emplacement des centres de population à créer.* Alger, 1878, in-8° (Brochure publiée à l'occasion de l'Exposition Universelle de Paris).

Hanriot : *Les Eaux Minérales de l'Algérie.* Paris, Dunod et Pinat, 1911.

Dr Trolard : *Les Eaux Thermo-minérales de l'Algérie.* Alger, 1901.

J. Savornin : *Les Barèges Algériens (Bull. Soc. Géog. Alger,* 1913, I, p. 138-156).

Des notices ont aussi été publiées par le Service des Mines de l'Algérie en 1886, puis en 1889, enfin en 1900.

De la plus récente de ces études, celle de M. Savornin, nous détachons les conclusions suivantes : « Retenons seulement deux « faits : d'abord, la grande valeur curative des eaux sulfureuses de « l'Algérie.... puis le manque à peu près total de ressources matérielles auprès d'établissements thermaux dont seuls, ou presque « seuls, les indigènes peuvent faire usage. »

de nombreux bouquets de bois composés principalement de jujubiers, de palmiers, de caroubiers, de bananiers et d'oliviers, l'embellissent et la décorent ; cette circonstance, jointe à la présence de nombreux buissons propices aux embuscades, a puissamment favorisé les Arabes lors de l'expédition du maréchal Bourmont et. plus tard, elle n'a pas été moins funeste, pendant l'expédition de Médéah par le Maréchal Clauzel, aux cinquante artilleurs qui avaient été envoyés en mission à Alger. Ces tristes souvenirs étaient trop récents pour être sitôt oubliés, et c'est avec une affliction profonde et religieuse que nous foulâmes le sol encore fumant du sang de nos frères d'armes. A une lieue et demie à l'Ouest de Blidah, après avoir marché lentement sur une route que de profondes ornières rendent peu facile pour les voitures, il fallut traverser une rivière large de vingt-cinq à trente pieds, d'une profondeur de trois à quatre dans les endroits les plus guéables et ayant un lit très profond et très large, ce qui suppose que cette rivière, appelée la Chiffah [1], allant du sud au nord pour se jeter dans le Mazafran sur la route d'Alger à Oran, doit être très considérable dans la saison

La rivière la Chiffah.

---

1. L'origine du mot Chiffa ou Chifa est assez discutée. Les uns le font dériver d'un nom arabe qui aurait le sens de *crue* : ce serait la rivière des crues, et cette rivière est en effet dangereuse par ses inondations. D'autres le font venir de *chfa* ou *guérison* : ce serait la rivière de la guérison, sans qu'on puisse s'expliquer à quel événement se rapporte ce sens.

Cette rivière prend sa source sous le nom d'oued Ouzera dans le massif montagneux situé à l'Est de Médéah. Elle coule d'abord à l'Ouest dans la direction de cette ville, puis coupe l'Atlas Tellien entre le Mouzaia (1.608 mètres) et les monts des Beni Salah (1.629 m.). La coupure sauvage faite entre ces deux montagnes est une des gorges les plus pittoresques et les plus belles de l'Algérie ; aussi est-elle visitée par de nombreux touristes. En entrant dans la plaine de la Métidja, le lit, jusque-là très resserré, s'élargit et se ramifie ; d'autres torrents le rejoignent, notamment l'oued el Kébir sur les bords duquel est Blida.

des pluies. La grande rapidité de son cours indique assez
la pente du sol de la Métidjah, qu'il conviendra de prendre
en considération, quand on s'occupera de l'assainissement
des marais de cette plaine. Nous perdîmes beaucoup de
temps pour traverser la Chiffah ; la chaleur commençait
à devenir insupportable, et il était près d'onze heures
quand nous arrivâmes à une ferme, située au pied du
Mont Atlas qui devait être franchi le lendemain. Cette
ferme, appelée Mouzaïa du nom de la tribu sur le terrain
de laquelle elle se trouve, et de l'Aga [1] parce qu'elle dépen-
dait de ce Chef, est plus connue de l'armée sous le nom
de ferme du Bey d'Oran. Elle se trouve réduite aux quatre
murs qui en renferment l'enceinte, et il n'y restait plus
qu'une seule chambre en très mauvais état dans laquelle
j'établis mon ambulance. Je comptais quarante fiévreux
atteints de violents maux de tête et d'un peu d'irritation
gastrique : le pouls était fréquent, la peau brûlante, la
langue rouge et la soif intense. Un bataillon du 30° de
ligne devant séjourner à cette ferme pour garder les équipages qui ne pouvaient traverser l'Atlas, je confiai mon
infirmerie à M. Prévost, chirurgien aide-major qui me
renvoya tous mes malades en parfaite guérison, lors de
notre retour de Médéah. La ferme du Bey d'Oran est
adossée, à l'Ouest, à un champ d'orangers et, à cent pas
au delà, se présente à peu de distance du pied de l'Atlas
une forêt d'oliviers d'une grosseur énorme et d'un feuil-
lage vert foncé au lieu d'être grisâtre comme celui des

L'armée vient camper à la ferme appe-lée Mouzaïa de l'Aga.

1. Agha est un mot turc signifiant seigneur, maître, chef, commandant. Ce titre était porté par les chefs placés au-dessous du khalifa
et dont la circonscription s'appelait un aghalik. Il existait 7 de ces
circonscriptions dans le Cherg et 5 dans le Gharb. Le nom d'agha
s'appliquait aussi aux officiers commandant un bataillon de
1.000 hommes dans l'armée régulière de l'Emir. D'après Yver, *Correspondance du capitaine Daumas* (Alger, Jourdan, 1911, in-8°), p. 7.

oliviers de nos contrées méridionales, où ils donnent au pays qui les nourrit un aspect triste et lugubre. Ces arbres magnifiques abritèrent la troupe bivouaquée sous leur ombrage ; des sources d'eau fraîche, limpide et abondante, descendues des montagnes, tombent, ici, en cascade, et ont été d'un secours inappréciable.

Pourquoi le sol de l'Ouest de la plaine est-il mieux cultivé que celui de l'Est.

La campagne, dans cette partie de la Métidjah située à l'Ouest, est en plein rapport et très bien cultivée ; à peine y voit-on quelques terrains en friche ou marécageux comme dans la portion située à l'Est. Il paraît que cette amélioration est due aux vexations continuelles qu'éprouvaient les habitants des campagnes peu distantes d'Alger, obligés d'émigrer sans cesse loin de ce dangereux voisinage, de laisser le sol sans culture et les eaux privées d'une main qui put en diriger le cours avec habileté. Les tribus dans ces points de la plaine sont essentiellement guerrières et spoliatrices ; qu'il me suffise de citer celle des Hadjoutes.

Dans l'après-dîner, un bon nombre d'Arabes attirés par l'appât du gain et, probablement aussi, dans le but d'espionner notre camp, de reconnaître nos forces et de compter nos canons, vinrent fraterniser, nous tendre une main amicale et vendre, avec la plus grande confiance, d'excellents abricots et des figues délicieuses. Ils avaient amené, en outre, quelques chevaux, mais de peu de valeur.

Perfidie des Arabes.

Pendant ces démonstrations de la cordialité la plus parfaite, l'un de ces Arabes, rencontrant un gendarme à l'écart, lui lança un poignard et le blessa légèrement au bras. Cet événement était à peine connu que nous entendîmes tirer un coup de fusil ; c'était un soldat du 67ᵉ de ligne qui venait de se détruire parce qu'il était harassé, et souffrant d'une blessure reçue aux journées de Juillet, bien qu'elle fût cicatrisée, et que jamais il n'eût réclamé nos soins. Ce funeste exemple ne se reproduisit plus et, malgré ce que l'armée eût à souffrir de peines et de privations, son courage la rendit supérieure aux événements et la fit triompher de tous les obstacles.

Le 28 juin, le soleil, à son lever, nous surprit déjà bien engagés dans les défilés du petit Atlas [1], mont qui sépare de Médéah la plaine de Métidjah. Il ne forme que les premiers anneaux de la chaîne du grand Atlas qui est encore éloigné de Médéah de quarante lieues. Cette première chaîne de montagnes se trouve séparée d'Alger par la Métidjah et par les contreforts du mont Bougeréah dont nous avons déjà parlé. Quand on entreprend de franchir ces énormes rochers, l'imagination recule devant tant de difficultés. La cime en est tellement élevée qu'il semble impossible de jamais pouvoir l'atteindre ; elle se perd dans les nues : « Soldats, les feux de vos bivouacs se con- « fondent avec les étoiles, » dit le Maréchal Clauzel dans son ordre du jour daté du Col de Téniah. Ces défilés ouverts dans le roc n'ont que quatre ou cinq pieds de largeur ; ils sont situés sur le revers des montagnes et n'offrent qu'un difficile accès, et de fréquents étranglements permettent de couper le chemin, sans beaucoup d'efforts.

Lors de l'expédition du Maréchal Clauzel, les Arabes essayèrent par ce moyen d'arrêter sa marche et, nous aussi, nous rencontrâmes une fois cet obstacle. Les

Description de l'Atlas, notre passage dans les montagnes.

1. Les expressions de Petit Atlas et de Grand Atlas ne sont plus employées et étaient d'ailleurs fort impropres, car l'altitude et les ramifications du premier sont aussi grandes que celles du second. On dit aujourd'hui Atlas Tellien et Atlas Saharien. La partie de l'Atlas Tellien qui domine la Métidja prend le nom d'Atlas Métidjien ou de monts de Blida ; là se trouvent le pic d'Abd el Kader et celui de Mouzaia, atteignant ou dépassant 1.600 mètres.

sapeurs du génie le levèrent, il est vrai, mais nous n'en éprouvâmes pas moins un retard de deux heures.

La batterie de montagne étant portée à dos de mulet, il devint possible de transporter de l'artillerie au delà de l'Atlas ; les Arabes n'en furent pas effrayés. Déjà, ils avaient éprouvé la force de l'artillerie turque bien inférieure à la nôtre. Les expéditions turques se faisaient toujours avec du canon de montagne porté à dos de mulet et le Bey actuel de Constantine en a encore avec lui. Dans ses tournées, il emporta de plus un petit mortier. Lors de l'expédition du Maréchal Clauzel, le Bey de Titteri défendit l'approche du col de l'Atlas avec du canon.

La présence de l'artillerie au milieu de ces défilés devient à peu près nulle, parce que les accidents de terrain offrent partout des escarpements considérables, séparés par des ravins profonds, et qu'il n'y a qu'un très petit nombre de plateaux sur lesquels elle pourrait agir et manœuvrer. Elle ne serait, d'ailleurs, utile qu'autant qu'il faudrait enlever une position et qu'on aurait le temps de monter et de démonter les affûts, comme on le fit lors de l'expédition du Maréchal Clauzel ; mais ces manœuvres ne sauraient avoir lieu dans une retraite, ni dans des combats d'embuscades et de défilés de la nature de ceux que nous eûmes à soutenir. Le chemin est traversé, de distance en distance, par des ruisseaux dont la source n'est point éloignée. La plus considérable que nous rencontrâmes n'est plus qu'à une lieue, au plus, du col de Téniah ; cette source laisse jaillir une eau limpide, abondante et d'une fraîcheur délicieuse qui fuit à travers les fentes d'une roche abrupte. Elle tombe en cataractes, divisée par l'air qui la rend légère et écumeuse. Chaque côté de la route est commandé par des monts très élevés séparés à droite par des ravins d'une grande profondeur, véritables abîmes entr'ouverts sous les pas du voyageur effrayé. Sur le revers de ces monts, l'œil découvre quelques plateaux et collines où sont assises les cabanes et les tentes des Kabayls ; là règne la plus belle végétation. Ce paysage animé par de nombreux troupeaux rappelle ces temps heureux où les hommes naissaient et mouraient bergers.

Des rochers, élevés à pic et déchirés, défendent l'approche du col de Téniah [1], qui est le point le plus cul-   Col de Téniah.
minant de l'Atlas ; ce col se termine en un mamelon remarquable par sa hauteur et sa forme en pain de sucre.

A mesure que l'on s'en approche, le chemin devient plus escarpé, étranglé, hérissé de pointes de rocher et d'un abord extrêmement difficile. Il est naturellement flanqué d'un mur élevé de trois pieds à droite du côté des ravins ; cette rampe, malgré ses échancrures nombreuses, ne laisse point que d'être très utile et de prévenir de nombreux accidents.

Après avoir vaincu mille obstacles, nous traversâmes un passage taillé dans un bloc de quartz ferrugineux représentant les colonnes d'une porte sans arcades, appelée par les Arabes *Porte de fer* [2], et donnant accès dans une enceinte circulaire, concave, et couronnée de mon-

---

1. Le véritable mot arabe est Tnïya qui signifie *col, défilé*, si bien que la locution usitée à ce moment — col du Ténya .— signifie simplement *col du col*. Trumelet propose de la remplacer par *Tenya du Mouzaia*, ce qui serait évidemment plus logique.

2. Il est possible que les indigènes se soient servis de cette expression pour désigner le col du Mouzaia, probablement par assimilation avec un autre défilé célèbre dans les Biban. Mais ce ne saurait être que par comparaison, car le nom de « défilés des Portes de Fer » s'applique dans les Biban à deux coupures dans l'arête montagneuse : le Bab es Srir ou petite porte, sur l'oued bou Ktone, et le Bab el Kébir, la grande porte, que traversent la route et le chemin de fer d'Alger à Constantine.

tagnes dont la garde fut confiée à un bataillon du 20ᵉ régiment qui y établit ses bivouacs jusqu'à notre retour, sage précaution comme on le verra plus tard. Cette enceinte ne renferme qu'une seule source d'eau, encore n'est-elle pas abondante; néanmoins, elle peut suffire au besoin d'un régiment. Quant au chauffage, le bois ne manque pas et permet d'alimenter les feux de bivouacs toute la nuit, afin d'en éviter le froid très vif. Il était dix heures du matin ; on fit une halte de quelques minutes. J'en profitai pour examiner la position inexpugnable qu'occupaient les Arabes lors de l'expédition du Maréchal Clauzel. Cette expédition est un des plus beaux faits d'armes qui puissent illustrer un grand capitaine et immortaliser le soldat français.

Le chemin pratiqué sur le versant Sud de l'Atlas offre une pente beaucoup plus rapide que celui que nous laissons derrière nous ; aussi a-t-il moins de longueur. Les hauteurs qui le dominent sont plus accessibles, et ne sont point coupées par des ravins qui les rendent presque inabordables et difficiles à garder, mais des quartiers de rochers, amoncelés çà et là, en rendent l'accès moins praticable. Il est creusé dans des blocs de grès ferrugineux qui forment des espèces de murailles. Ces blocs représentent une grande masse sans ordre, sans direction ; les figures irrégulières dont ils sont le siège représentent souvent dans le quartz, ainsi que dans les couches argileuses, des divisions presque cubiques qui semblent autant de grosses pierres réunies par un ciment ferrugineux. Ces masses pierreuses sont essentiellement composées de quartz grossier contenant dans leurs fentes beaucoup de fer [1] et de cuivre à l'état d'oxyde et de sulfure. Les mines

---

1. L'Algérie est en effet particulièrement riche en minerais de fer. Le docteur Baudens s'est montré bon prophète. On n'a d'abord

de plomb sont également très riches dans l'Atlas et on sait que la présence de ces minéraux est un indice d'autres richesses analogues[1] ; les mines de charbon[2] et de plomb argentifère n'en sont point éloignées. La nature, dans ses vastes et sublimes combinaisons, a adopté des bases régulières et, suivant ses lois, elle a dû recéler à côté des minéraux indiqués les trésors les plus précieux.

exploité que les gisements situés sur les bords ou à proximité du littoral, tels que ceux d'Aïn Mokra près de Bône ou ceux de Beni Saf dans le département d'Oran, pour ne citer que les plus importants ; mais, avec le développement des voies ferrées, les gisements de l'intérieur sont devenus accessibles et bientôt le minerai de l'Ouenza pourra être dirigé sur la côte. Avant la guerre, en 1913, la colonie exportait 1.356.061 tonnes de minerai de fer, ce qui représentait une valeur de 13.627.000 francs.

1. Ces constatations provisoires du docteur Baudens sur l'existence de minerais métalliques dans l'Atlas de Blida ou, pour mieux dire, ces prévisions se trouvèrent vérifiées quelques années plus tard : « Pen- « dant la campagne de 1840, une de nos colonnes, franchissant l'Atlas « dans la direction d'Alger à Médéah, rencontra un énorme bloc « métallique, une espèce de muraille d'environ 3 mètres, en cuivre « mêlé de fer. Ce furent donc nos soldats qui méritèrent le nom « d'*inventeurs* et, si l'on eût appliqué à la lettre la loi de 1810, une « part dans les profits de la découverte eût dû leur être attribuée. « On détacha du bloc de nombreux échantillons qui furent répandus « en Algérie et en France. L'éveil fut ainsi donné aux spéculateurs, » (Cochut. *Des concessions et de la propriété en Algérie. Revue des deux Mondes*, 15 septembre 1847, p. 1094).

En réalité, comme on le voit, le docteur Baudens fut le premier à signaler l'existence de ces minerais de fer, sur la même route et dans les mêmes termes ; il fut donc l'inventeur. Mais son mémoire n'avait pas été publié ; on ne peut que le regretter aujourd'hui.

2. Jusqu'à ces dernières années il n'avait point été découvert de charbon en Algérie, excepté toutefois du lignite. Deux gisements lignitifères étaient exploités : l'un dans le département de Constantine à Condé Smendou, l'autre dans celui d'Alger à Marceau près de Gouraya. Ici et là, le charbon était de qualité médiocre. D'autres traces de lignites ont été relevées en de nombreux points, mais les bancs y sont d'une épaisseur trop petite et le charbon de trop médiocre qualité pour être exploité. Ce n'est qu'en ces dernières années que de la houille, de la véritable houille, a été signalée à Kenadsa, près de Colomb Béchar, au Sud-Ouest de Figuig ; on commence à l'exploiter, mais on ignore encore l'importance de ce bassin houiller.

L'exploitation des mines de plomb qu'on suppose d'une richesse égale à celles que possède l'Espagne vers Almeira, affranchirait la France d'un tribut de six millions payés à l'Etranger. L'abondance du fer nous affranchirait également des sommes énormes payées à la Suède, à la Russie, à l'Angleterre, bien que l'importation de ce métal sur notre territoire soit frappée d'un impôt considérable dans l'intérêt de nos propriétaires de forges.

La canalisation de la plaine de Métidjah communiquant avec la Méditerranée permettrait de transporter ces minéraux à peu de frais. Ici, comme sur le revers septentrional, nous avons rencontré des sources d'eau excellente ; de même aussi, à la suite de beaux vallons et de magnifiques coteaux, en partie cultivés et couverts d'une forêt de chênes verts, de chataigniers et d'oliviers, viennent des rochers pelés et brûlants. La scène change à chaque instant de décoration, l'imagination suit avec rapidité la variété du spectacle plein de vie et de mouvement ; l'idée seule de la barbarie des habitants de ces montagnes peut altérer l'éclat de ce tableau tout à fait poétique.

Le soleil avait parcouru la moitié de sa course, et ses rayons, contre lesquels nous ne trouvâmes aucun ombrage, réfléchis par les masses minérales, dans lesquelles le chemin est creusé, redoublèrent de force. Il ne régnait aucun vent. La chaleur était excessive, semblable à celle d'une étuve. Cette circonstance occasionna un grand nombre de congestions cérébrales qui presque toutes se terminèrent par des épistaxis dont quelques-uns ont été difficiles à arrêter. Aussi, le sol était-il teint de sang. Ces hémorrhagies, provoquées par les seules forces de la nature, portèrent les plus heureux fruits. J'en éprouvai moi-même les bons effets et je sentis à l'instant se dissiper quelques douleurs de tête.

Vers une heure après-midi, l'armée se trouvant au-delà de l'Atlas vint camper au pied des versants dans une plaine couverte d'oliviers et appelée par les Arabes *Champ des oliviers*. Ce champ est borné, au Nord, par une rivière qui fournit en abondance de l'eau pour les hommes comme pour les chevaux. *(L'Armée campe au-delà de l'Atlas.)*

L'ambulance était à peine installée qu'on y transporta un voltigeur du 15ᵉ régiment qui avait eu les deux cuisses traversées par une balle à la descente de l'Atlas et à peu de distance de notre camp. *(Un voltigeur a les deux cuisses traversées par une balle.)*

Le passage du col et la descente avaient fait déferrer plusieurs chevaux. Les chasseurs algériens, qui, avec une compagnie de voltigeurs, formaient l'arrière-garde, s'arrêtèrent pour remettre quelques fers et se trouvèrent ainsi un peu en arrière. Deux caisses de biscuit avaient été abandonnées, les chasseurs prirent tout le contenu ; les Arabes avaient vu ces caisses dans l'intervalle de la colonne à l'arrière-garde et comptaient s'en emparer. Se voyant frustrés, ils tirèrent sur le groupe pour faire lâcher la proie et atteignirent ce voltigeur. L'on vit là le résultat de l'éducation militaire européenne. A l'instant où les coups de fusils partirent, les voltigeurs qui étaient un peu dispersés se concentrèrent immédiatement en masse. Il est probable que, si la même compagnie restait long-temps en Afrique et qu'on tirât sur elle ainsi réunie en bloc, elle se disperserait au contraire en tirailleurs pour donner moins de prise aux coups de fusil, et pouvoir mieux riposter. *(La manière de combattre ne doit pas en Afrique être la même qu'en Europe.)*

En arrivant au camp, le blessé excita vivement l'exaspération des soldats. Dix chasseurs allèrent chercher un marabout[1] et quelques Arabes du voisinage qui furent

---

1. Marabout vient d'un mot arabe *ribat* signifiant lieu de retraite ou de prière. Le Mrabet (au pluriel *Marabot*) était celui qui était

amenés au lieutenant-général Berthezène à qui ils promirent de punir le coupable.

Il était décidé qu'au retour on brûlerait les cabanes voisines de l'endroit d'où l'on avait tiré ; mais on n'en eût pas le temps, et ce fut de là que partirent le plus de coups meurtriers parce qu'il n'y a pas moyen d'aller de la route au plateau supérieur où elles sont, sans faire un très grand détour, et que les Arabes pouvaient tirer comme d'une fenêtre sur les passants dans la rue. Ces coups de fusil sont les seuls que nous ayons reçus jusqu'à notre arrivée à Médéah.

Influence du vent du désert. Vers quatre heures du soir, nous éprouvâmes un sentiment de malaise et de lassitude extrême ; la sueur ruisselait de notre corps, et le besoin de la soif était impérieux. Des bouffées d'une chaleur suffocante pareilles à celles d'un four, et chassées par le vent du désert, sem-

---

admis dans le ribat, « l'apôtre de Dieu unique, attaché aux doctrines saintes, lié à Dieu par la bénédiction céleste qu'il possède. »

« Ce nom révéré, disent Depont et Coppolani, servira à qualifier « tous ceux qui provoqueront l'admiration ou l'étonnement de la « foule par leur connaissance approfondie du Coran et de la Sonna, « par une vie austère, un caractère ascétique, une douceur d'âme, « une charité poussée jusqu'à l'abnégation. un désintéressement « absolu des choses de ce monde, etc... Marabout, aussi, le taleb, le « derouich, dont les actes inconscients sont, croit-on, guidés par « la Providence ; marabout le simple d'esprit... le fou ! » (P. 130).

On ne devient pas seulement marabout, on naît marabout. Il suffit d'avoir parmi ses ancêtres un homme qui a été réputé par sa sainteté et l'on a hérité de lui le don merveilleux, l'étincelle divine qu'il possédait. De là l'admiration ou mieux la vénération des musulmans pour ces personnages qui possèdent dans toute l'Afrique du Nord une autorité immense. C'est de l'anthropolâtrie, c'est le culte des saints adapté à l'Islam.

Voir à ce sujet Depont et Coppolani : *Les Confréries religieuses musulmanes* (Alger. Jourdan, 1897), p. 129-149.

Doutté : *Notes sur l'Islam Maghrebin. Les Marabouts* (Paris. Leroux, 1900, in-8) ;

Montet : *De l'État présent et de l'Avenir de l'Islam* (Paris, Geuthner, 1910, in-8°).

blaient menacer l'existence par le trouble des actes de la
respiration. Une poussière impalpable et brûlante, s'éle-
vant en tourbillons épais, obscurcissait l'air et donnait
aux rayons solaires une couleur fausse, rousse et sinistre.
Le siroco régnait dans toute sa force, et on eût dit d'un
incendie général des montagnes de l'Atlas. Quand le
vent du Sud vient à souffler dans le désert, il ensevelit
les caravanes sous des montagnes d'un sable brûlant[1] ;
dans nos bivouacs, brisé par les chaînes de l'Atlas, il
était un peu rafraîchi par la neige qui en couronne te
sommet.

Le 29 juin, à la pointe du jour, on se remit en marche
et, vers dix heures du matin, Médéah nous reçut dans
ses murs. Le chemin qui conduit à cette ville n'est autre
qu'un sentier rocailleux tracé sur le revers des mamelons
dont est hérissé son territoire. Ces accidents de terrain
obligent de monter et descendre continuellement, rendent
la marche difficile et même dangereuse dans la saison des
pluies parce que le sol, de nature argileuse, devient alors
très glissant.

Médéah [2] était cernée par une centaine de cavaliers que

Terroir de Mé-
déah.

1. Erreur ou exagération qui longtemps a été acceptée et aujour-
d'hui a été reconnue fausse. Les tempêtes de sable n'ensevelissent
pas les caravanes ; les dunes ne se déplacent que d'une façon presque
insensible d'une année à l'autre. Ce qui est vrai, c'est que, dans les
tourmentes de siroco, le sable formé de poussières impalpables s'in-
sinue dans les vêtements et pénètre dans les fosses nasales, les
oreilles et la bouche si l'on ne prend la précaution de se couvrir la
face d'un mouchoir ou d'un voile. Ainsi s'explique l'habitude des
Targui de porter le *litham*.

2. Médéa fut dans l'antiquité une forteresse romaine appelée
Lambdia ; elle occupait la partie supérieure du mamelon sur lequel
s'élève la ville actuelle ; des traces d'anciens remparts existent
encore, ils étaient beaucoup plus visibles lors de la conquête.

Aujourd'hui, c'est le chef-lieu d'un arrondissement de 149.448 habi-

notre présence mit en fuite ; ils furent poursuivis par les deux escadrons du 12ᵉ chasseurs qui ne purent joindre l'ennemi et en se retirant eurent un homme tué et un autre blessé. Mon premier soin, en entrant dans la ville, fut de me rendre auprès du Bey, afin d'obtenir de lui un local destiné à mon ambulance, et, d'après ses ordres, on me remit à l'instant les clefs d'une maison assez vaste pour contenir cinquante malades. Cette habitation avait déjà servi d'hôpital six mois auparavant lors de l'occupation par les Français que le Maréchal Clauzel avait laissés dans cette ville ; quelques vases destinés aux malades, dont nous héritâmes de l'ancien hôpital, furent du plus grand secours. C'était une bonne fortune dans un pays où le peu de besoins des habitants fait que l'on manque même des objets de première nécessité ; aussi en prîmes-nous le plus grand soin, afin qu'un jour ils pussent rendre les mêmes services à ceux de nos collègues, qui pourraient être appelés à suivre la fortune de nos armes chez ce peuple sauvage. Le Bey nous envoya quatre ou cinq matelas que je fis donner aux militaires les plus malades, sans distinction de grade, et je suppléai à ce petit nombre

Local destiné à l'ambulance.

---

tants et une commune de plein exercice de 15.187 âmes (département d'Alger). Le plateau sur lequel elle est bâtie est à 920 mètres d'altitude ; elle est distante d'Alger de 90 kilomètres et de Blida de 40. Les environs sont riches, complantés de vignes au vin renommé. Un marabout de Miliana, Sidi Ahmed ben Youssef, qui a laissé des sentences devenues de véritables dictons populaires, aurait dit en parlant de cette ville : « Médéa, ville d'abondance ; si le mal y entre le matin, il en sort le soir. »

Plusieurs expéditions françaises furent dirigées contre elle avant son occupation définitive par nos troupes : 1° Expédition sous Clauzel (17-29 novembre 1830) pour la destitution de Mustapha bou Mezrag et son remplacement par Ben Omar ; 2° Expédition sous Berthezène, celle dont il est question dans cette relation ; 3° Expédition (avril 1836) par le général Desmichels sous le second gouvernement de Clauzel ; 4° Occupation définitive le 17 mai 1840 par le Maréchal Valée.

par d'abondantes litières en paille que je fis placer dans toutes les chambres.

L'hôpital fut bientôt encombré de fiévreux : mais presque tous furent rétablis en très peu de temps par le bon effet des saignées, du repos et des boissons rafraîchissantes.

Le 2 juillet, jour de départ, trois fiévreux seulement durent être transportés à dos de mulets ; le plus grand nombre était retourné sous les drapeaux, les autres marchèrent en tête de l'ambulance dégagés de tout fardeau.

La journée du 30 juin fut employée en pourparlers avec les Cheicks [1] des tribus insurgées qui alléguèrent des fins de non-recevoir. J'employai ce temps à étudier les mœurs et le caractère de ce peuple sur lequel j'avais déjà quelques notions, et à parcourir les différents quartiers de la ville et ses environs.

Vue de loin, en venant d'Alger, la ville de Médéah, assise sur le versant Sud-Est d'une colline, présente l'aspect d'une citadelle fortifiée par une enceinte de murailles qui font partie des maisons. Elle est flanquée d'un aqueduc remarquable par sa grandeur et sa vétusté. Cet aqueduc relie la ville avec un monticule situé à l'Est et alimente les fontaines de la partie qui occupe les degrés les plus élevés de l'amphithéâtre dont Médéah offre la figure.

Les rues sont étroites, boueuses, mal pavées, et encombrées de fumier parce que beaucoup d'habitants

Description de la ville de Médéah.

1. Cheikh désigne à la fois un chef politique et un chef religieux. Comme chef politique, le cheikh occupe le plus bas degré de la hiérarchie administrative, après le caïd, l'agha et le khalifa. Comme chef religieux dans une confrérie musulmane, il commande les moqaddem auxquels il donne l'investiture et enseigne la formule de prière ou *Dikr*.

rentrent chez eux, la nuit, les troupeaux que, le jour, ils tiennent aux champs.

Les maisons, bâties sur le patron de celles d'Alger et de Blidah, représentent les côtés d'un quadrilatère et n'ont qu'un seul étage. Elles se composent d'une cour au rez-de-chaussée, pavée en marbre chez les riches, et en dalles plus ou moins grossières chez ceux qui ne le sont point. Sur chacune des quatre faces de cette cour, règnent des colonnes en marbre ou en pierre soutenant une galerie qui est au premier étage. Sous cette sorte de péristyle se trouve l'entrée de quatre salles longues, étroites, ne recevant qu'une clarté douteuse ; humides et ordinairement peu habitées, elles servent de celliers, de cuisine, et, même, quelquefois, d'écuries ; les appartements au premier étage sont la répétition de ceux du rez-de-chaussée. Ils communiquent entre eux par une galerie extérieure fermée par une balustrade en bois, et appuyée à des colonnes qui supportent une partie de la toiture construite en tuiles. L'abondance des neiges, occasionnées en hiver par le voisinage de l'Atlas, a fait abandonner le système de terrasses qui à Alger comme à Blidah couronnent les habitations ; les fenêtres sont toutes ouvertes sur la cour et garnies d'un grillage en fer : il n'y a au dehors que quelques petites lucarnes d'un demi-pied d'ouverture. On ne voit ni glaces, ni cheminées, ni papiers, ni plafonds, dans l'intérieur des appartements qui tous représentent un carré long, garni de tapis, ou de nattes selon les fortunes. Les murs sont nus, épais et percés de trous pour établir des ventilateurs ; aussi les appartements, très frais en été, sont-ils très froids en hiver. Toutes les maisons sont blanchies à la chaux en dedans et en dehors, une ou deux fois par an, ce qui produit un coup d'œil uniforme peu gracieux et fatigant pour la vue. Cette circonstance, jointe à la réverbération du soleil, à l'humidité des appartements toujours mal fermés et au froid des nuits, est, à mon avis, la cause la plus puissante du développement des maladies des yeux qui sont assez fréquentes parmi la population. Du reste, ces maisons ont assez de ressemblance avec nos cloîtres, parce que la jalousie des Orientaux est le seul goût consulté par l'architecte.

Du centre de la ville, s'élèvent des espèces de pyramides blanches semblables à des clochers : ce sont des minarets couronnant des mosquées et du haut desquels, à défaut de cloches dont le son ferait fuir les musulmans, des crieurs appelés Muezzins [1] annoncent cinq fois le jour la prière et disent : « *Dieu est grand, Dieu est grand, je témoigne qu'il n'y a de Dieu que Dieu, je témoigne qu'il n'y a de Dieu que Dieu, il n'y a de Dieu que Dieu.* » « *Je témoigne que Mahomet est le prophète de Dieu. Je témoigne que Mahomet est le prophète de Dieu ; allez à la prière, allez à la prière, allez à notre bien, allez à notre bien ; Dieu est grand, il n'y a de Dieu que Dieu.* » L'opinion générale est que, si les Muezzins ne se purifient pas exactement, Dieu envoie beaucoup de rats dans la ville et que les denrées se gâtent. On sait que la révolte du Caire s'est opérée par les cris de ces Muezzins qui, d'un commun accord et à une heure convenue, en ont donné le signal. Ces crieurs, par suite des grands efforts qu'ils font subir à leur larynx,

Mosquées et minarets.

---

1. Les Muezzins ou Moueddin sont ceux qui annoncent aux Musulmans du haut d'un minaret ou d'une colline les heures de la prière. Par cinq fois, chaque jour, ils les appellent à la prière : à l'aube, à midi, à 3 heures, au coucher du soleil et à la tombée de la nuit. Pour prier, les indigènes se tournent vers l'Orient, dans la direction de La Mecque.

Le mot moueddin vient de *adan* ou formule d'annoncer ; il a exactement le sens de crieur ou *annonceur* public.

sont sujets à une hernie de la membrane thyro-hyoï-
dienne, ainsi que j'en ai vu un exemple sur un vieillard ;
le timbre de sa voix est altéré, caverneux, et même presqu'impossible, si par la compression on ne fait disparaître
la poche herniaire : cette affection a été traitée sous le nom
de goitre aérien par M. Larrey qui l'a observée en Egypte.

Les mosquées représentent une enceinte à peu près circulaire dont la voûte concave a la forme de dôme, tandis
qu'à leur circonférence règnent des colonnes supportant
des arcades qui soutiennent une galerie. Quelques ver-
sets du Coran, transcrits sur les murs blanchis à la chaux,
sont les seuls ornements de ces temples. A Médéah, les
colonnes sont en pierre et le sol est recouvert de nattes
tissues en roseaux. Ces nattes grossières étaient rempla-
cées à Alger par de riches tapis qui depuis ont eu une
autre destination.

Bains d'étuves.   Ainsi qu'Alger, Médéah renferme plusieurs établissements de bains d'étuves, les seuls dont les Orientaux fassent usage. C'est un grand vestibule dans lequel vous
échangez vos habits contre d'amples vêtements d'une
toile cotonneuse et très absorbante. Ainsi affublé en
bédouin, vous pénétrez dans une première salle dont la
chaleur est modérée, puis dans la salle des étuves ; au
premier abord, il y a un peu de suffocation, mais bientôt
la poitrine se dilate largement, les poumons reprennent
leur libre exercice, et, après quelques instants de repos,
une sueur abondante ruisselle de tout le corps ; c'est le
moment de quitter ses vêtements pour s'étendre de toute
sa longueur sur les dalles de marbre dont la chambre est
pavée, et qui sont échauffées à une température assez
élevée. Un jeune maure s'approche alors pour vous pétrir
la peau par le massage, puis il appuie le genou sur votre
poitrine pour en faire craquer les articulations, et il opère

de même pour celles des membres, tout cela avec la plus grande adresse et sans la plus légère douleur. Ceci fait, il vous promène sur tout le corps, et avec force, un gant tissé en poils de chameau dont sa main est armée, enlève de nombreuses pelottes de concrétions sébacées que joyeux il s'empresse de vous montrer, et donne ainsi à la peau une grande souplesse en même temps qu'il en active fortement les propriétés vitales. Il termine ensuite son opération par un savonnage complet de la tête aux pieds, et par d'abondantes ablutions d'eau tiède. Vous reprenez votre costume, et vous êtes reconduit dans le premier vestibule où l'on a soin de vous offrir une pipe, du café et un lit pour reposer jusqu'à ce que la disposition à la sueur soit entièrement dissipée. Ces bains sont un remède très efficace contre les rhumatismes, les maladies articulaires et cutanées ; ils donnent aux membres une souplesse et une agilité remarquables. Pendant ces opérations, on éprouve une langueur assoupissante, une forte propension au sommeil, genre de volupté qui plaît infiniment aux Orientaux.

Médéah est environnée de plaines couvertes de cistes, de lentisques, de myrthes, de bruyères et de quelques palmiers, de bons pâturages, de riches coteaux et de vergers abondants en toute sorte d'arbres fruitiers. On y voit le caroubier, l'abricotier, le jujubier, le pêcher, le cerisier, la vigne, l'azerolier. Dans le terroir d'Alger, les jardins sont fermés par des haies de figuiers de Barbarie[1]. Le fruit très-abondant et mucoso-sucré sert presque seul

Environs de Médéah.

1. Le figuier de Barbarie appartient à la famille des cactacées. Originaire d'Amérique, cette plante à raquettes charnues et garnies de piquants, vient dans les sols les plus arides et résiste aux grandes sécheresses de l'été africain. Ses fruits ont une saveur sucrée : ils sont fort estimés des Arabes qui en font une grande consommation

à la nourriture des Arabes qui profitent toujours de cette époque de l'année pour se mettre en campagne. Il contient beaucoup de petits grains qui ne sont point absorbés, et provoquent quelquefois des constipations opiniâtres. C'est ce qui l'a fait préconiser à tort, comme remède infaillible contre les diarrhées. Les figues sont supportées par une feuille très large, épaisse et composée presque entièrement de mucilage extrêmement gluant qui remplace avec avantage la farine de lin. Il y aurait une grande économie à faire usage de ces feuilles dans les hôpitaux d'Afrique et il est à regretter qu'on n'ait pas encore songé à les employer soit en décoction, soit en cataplasme. A Médéah, les haies des jardins ne diffèrent point de celles d'Europe : le cactus, l'aloés, l'oranger, le citronier, le cédrat, le bananier périssent pendant l'hiver, parce que la position géographique de cette ville couronnée des plus hautes montagnes l'expose à des froids longs et assez rigoureux ; du reste, les rosiers, les jasmins et une foule d'autres arbustes répandent, par toute la campagne, les parfums les plus délicats et lui prêtent le coup d'œil le plus gracieux.

La disposition des environs de Médéah, et de ses maisons couvertes de toitures, lui donne un aspect tout à fait européen et on aurait pu se créer un instant de douces illusions, si l'aspect des horribles Kabayls ne vous désenchantait par un fâcheux contraste.

Cimetière des Arabes. A l'Est de la ville, se trouve situé sur un tertre élevé, en plein champ, et sans clôture, le cimetière [1] que trahit

pendant les fortes chaleurs. Les plantes serrées les unes contre les autres forment des haies défensives difficiles à franchir.

1, Comparer cette description avec les passages où il parle de ces mêmes cimetières dans sa *Relation de l'Expédition de Constantine*, pages 55-56. On peut faire le même rapprochement pour les Hammas (pages 54 et 55).

une multitude de dalles blanches placées horizontalement. Au-dessus de la fosse des personnes de distinction, une ouverture d'un pouce carré environ, correspondant à la tête, pénètre dans l'intérieur de la tombe ; c'est par elle que les parents du défunt, dans leur erreur religieuse, lui donnent chaque jour à boire et à manger, proférant ces mots avec l'accent du désespoir et s'arrachant la figure et les cheveux : « *Pourquoi nous as-tu abandonnés ? N'avais-tu pas tes femmes, ta jument et tes armes ?* »

Ces tombeaux sont en maçonnerie, supportent deux petites pyramides ou aiguilles à leurs extrémités et sont toujours dirigés vers l'Orient. Du milieu de cet asile, s'élève une petite mosquée surmontée d'un dôme, reposant sur un péristyle ; c'est l'hermitage d'un marabout, espèce de solitaire en grande vénération et affectant la plus grande exactitude à observer religieusement la loi du prophète ; il est consulté dans les maladies et les circonstances fâcheuses de la vie, distribue des amulettes et des talismans auxquels on ajoute la foi la plus scrupuleuse.

Influence des marabouts.

Mustapha pacha, l'un des maures les plus riches et les plus influents de la Régence, sollicité vivement par des Européens qui avaient sa confiance, consentit à appeler un médecin français pour soigner un jeune enfant atteint d'une fièvre cérébrale. Quand on lui parla de sangsues, il devint furieux et dit que, jamais, il ne laisserait dévorer son enfant par ces bêtes. Il alla consulter un marabout qui lui donna un écrit contenant un verset du Coran, délaya ce morceau de papier dans un verre d'eau tiède, y ajouta du sucre et quelques grains de raisin, puis fit avaler ce breuvage au petit malade qui le lendemain était dans le délire et mourant. En désespoir de cause,

Superstition même dans les classes les plus élevées.

la famille laissa appliquer quelques sangsues qui dégorgèrent le cerveau et rappelèrent ce petit moribond à la vie.

L'influence toute magique que ces prétendus saints exercent sur les peuplades pourra aisément tourner au bénéfice de la colonie, si l'on sait les gagner, et tout porte à croire qu'on y parviendrait sans beaucoup d'efforts en les traitant avec déférence, mais surtout par l'appât de l'argent, moyen de séduction auquel l'Arabe ne résiste jamais ; l'un d'eux, pendant notre séjour à Médéah, gagné par les bontés du Général Berthezène, fit ses efforts pour tout pacifier, et ne pouvant y parvenir parce qu'il était seul à lutter contre tous les autres marabouts, il prit congé du Général en lui disant : « *Tu es bon, la victoire te restera* », paroles dont on ne devina point l'énigme dans le moment, mais dont on ne tarda pas à découvrir tout le sens. Il m'est démontré que ce marabout aurait donné de précieux renseignements sur la force, l'exaspération et les projets hostiles des tribus, s'il n'avait pas craint de se compromettre et s'il avait pu se faire comprendre à demi-mot ou être interrogé adroitement.

Médéah, ainsi que Blidah, Alger, et toutes les villes de la Régence, renferment sept classes d'hommes [1] : les Turcs, les Maures, les Coulouglis, les Arabes, les Kabayls, les Juifs et les Nègres.

Les Turcs [2], dont le nombre diminue de jour en jour,

1. Toute la partie de ce Mémoire, qui traite des divers éléments ethniques dont est composée la population indigène de l'Algérie, est reproduite avec quelques modifications dans la brochure du docteur Baudens sur l'*Expédition de Constantine*. La forme en est seulement légèrement changée.

2. Sur l'histoire de l'occupation et de l'organisation des Turcs en Algérie, beaucoup de mémoires et de livres ont été publiés. Parmi les principaux, on peut citer :

composaient la milice du Bey ; tous étaient soldats et se recrutaient dans l'Asie Mineure. Cette caste privilégiée et dominante possédait les honneurs, les richesses et tendait chaque jour à tarir les sources de la vie sociale, par la dissolution des mœurs, l'oisiveté, le mépris du travail, des sciences, des arts, et par son fatalisme bien propre à frapper de mort l'imagination, en paralysant les ressorts de l'esprit.

Les Maures forment la majorité des villes et des campa- 2° les Maures.
gnes civilisées : naturellement paresseux, ils ne man-
quent pas néanmoins d'une certaine industrie, ils ont des ouvriers pour les arts utiles et nécessaires, tels que la fabrication des armes, de la quincaillerie grossière, des objets de menuiserie, des selles et des tapis ; propriétaires, cultivateurs, industriels, on les croit composés d'anciens Africains, d'Arabes et de Mauritaniens.

L'union des Mauresques avec les Turcs a formé une 3° les Coulou-
nouvelle caste appelée Coulouglis [1]. C'est à tort qu'on a glis.

Walsin Esterhazy (Colonel): *De la Domination turque dans l'Ancienne Régence*. Paris, 1840, in-8°.

Walsin Esterhazy (Général): *Notice historique sur le Maghzen d'Oran*. Oran, 1849, in-8°.

Féraud (E.): *L'époque de l'Etablissement des Turcs à Constantine* (*Revue Africaine*, X, p. 179).

Baron Aucapitaine: *Les Confins militaires de la Grande Kabylie sous la domination turque (Province d'Alger)*. Paris, Moquet, 1857, in-16.

Les sentiments des Algériens ont beaucoup changé depuis quelques années à l'égard des Turcs, surtout depuis l'époque où s'était esquissé le rêve panislamique. L'évolution est curieuse ; elle a été étudiée par un de nos meilleurs arabisants, M. Desparmet, professeur au Lycée d'Alger. Voir un article fort documenté : *La Turcophilie en Algérie* (*Bull. Soc. Géog. Alger.* 1916, I, p. 1 à 26).

1. Les Kourouglis ou Koulouglis étaient des métis de Turcs et de femmes indigènes. Les Turcs les tenaient généralement éloignés des hautes charges qu'ils se réservaient pour eux-mêmes, sans cependant pouvoir leur en interdire tout à fait l'accès. Cette défiance leur avait aliéné la sympathie de cet élément de la population indigène qui leur était si étroitement apparenté. Nombreux surtout dans le beylik

écrit que ces derniers n'héritent d'aucun des privilèges de leur père et sont confondus avec les Maures, qu'ils ne peuvent aspirer aux dignités ni aux hautes fonctions, et que, pour les dédommager, les Turcs s'efforcent de leur donner une fortune indépendante. Les Coulouglis recevaient une solde comme les Turcs et plusieurs d'entre eux arrivaient à de hauts emplois. C'est ainsi que le Bey actuel de Constantine, qui est Coulougli, était en fonctions avant notre arrivée.

4° les Arabes.   Les Arabes[1] tirent leur origine de l'Asie et conservent leurs caractères primitifs : physionomie mâle, yeux vifs et noirs, teint olivâtre, taille élevée. Les uns, cultivateurs, ont des demeures fixes, les autres mènent une vie errante et habitent sous la tente : ce sont les Arabes Bédouins. Ils changent de place selon les saisons et l'abondance des productions dont le sol est couvert. Ils se distinguent par une fierté sauvage et indomptable, par un souverain mépris pour les autres nations, par un besoin impérieux

d'Oran, ils se déclarèrent pour les Français et ils opposèrent aux Arabes et aux Marocains une tenace résistance dans le Méchouar de Tlemcen et à Mostaganem.

1. Le nombre des études de tout ordre sur les Arabes algériens est déjà très considérable même si on ne retient que celles qui sont écrites en notre langue. Ce serait dépasser le cadre restreint de ces notes que de donner une bibliographie sur ce sujet. Elle devrait en effet comprendre les livres et articles de revue sur la langue, les mœurs et coutumes, les croyances religieuses, les conditions sociales, l'histoire des tribus arabes établies en Berbérie. En dehors des œuvres de MM. Houdas, René Basset, Doutté, Desparmet, Montet, etc., etc., nous ne citerons que les ouvrages d'ensemble traitant des grandes périodes historiques :

Fournel (Henri): Les Berbers. *Etude sur la conquête de l'Afrique par les Arabes.* Paris, 1875-1881, 2 vol. in-4°.

Mercier (Ernest): *Histoire de l'Afrique Septentrionale (Berbérie) depuis les temps les plus reculés jusqu'à la Conquête française.* Paris, 1888-1891, 3 vol. in-8°.

Marçais (Georges): *Les Arabes en Berbérie du xie au xive siècle.* Paris, Leroux, 1913, in-8°.

de liberté et d'indépendance, par leur ruse déguisée sous le voile de la cordialité et par le *fainéantisme* le plus absolu. Ils sont pour la plupart maigres, décharnés, couverts de lambeaux, d'une malpropreté repoussante et d'une figure horrible. Cruels à l'excès, ces Arabes sont avides de sang et spoliateurs ; ils sont gouvernés par des cheicks auxquels ils ne payent leur tribut que par contrainte ; encore s'y soustraient-ils souvent par la fuite dans le désert.

Les Kabayls[1] forment un composé d'éléments de diverses nations ; ils ne sont point nomades et habitent principalement dans les montagnes : des yeux pleins de feu et de courage, un regard fier, quelquefois féroce, des traits mâles et prononcés, le nez aquilin, des membres vigoureux, la taille haute, la démarche assurée, les jambes, les cuisses et les épaules toujours nues, tel est leur extérieur. Ils sont très avares, méfiants à l'excès, faux, courageux et infatigables ; obéissant en aveugles à l'impulsion que

5° les Kabayls.

---

1. *Kabail* est le terme exact dont se servaient les Arabes pour désigner le peuple de montagnards qui vivait en tribu (*qâbil*). Les Kabyles se nomment eux-mêmes *Imazighen*.

Pas plus pour les Kabyles que pour les Arabes, nous n'avons la prétention de donner ici une bibliographie ; on la trouvera dans Playfair ; on pourra consulter aussi, pour les études récentes, celle que contient le remarquable ouvrage de Bernard Luc sur le *Droit Kabyle* (Paris, Challamel, 1917, in-8°, p. 251-254).

Nous rappellerons simplement les livres essentiels :

Daumas et Fabar : *La Grande Kabylie*. Paris, 1847, 1 vol.

Aucapitaine : *Le Pays et la Société Kabyle* (Revue Africaine, 1846, 1860, 1863).

Berbrugger : *Les Epoques de la Grande Kabylie*. 1857, 1 vol.

Hanoteau et Letourneux : *La Kabylie et les coutumes kabyles*. Paris, 1872-1873, 3 vol.

Renan : *La Société berbère* (Revue des Deux-Mondes. 1er septembre 1873).

Sabatier (Camille) : *Essai sur l'origine, l'évolution et les conditions actuelles des Berbères Sédentaires* (Revue d'anthropologie, 2e série, tome V, 1883, p. 412).

les marabouts leur communiquent, ces Barbaresques font
encore la guerre comme du temps des Romains ; alors,
comme aujourd'hui, ils avaient pour système de cerner
leur ennemi de toutes parts, de ne jamais résister à une
attaque sérieuse, de ne combattre qu'avec des forces supé-
rieures et de se tenir, le plus souvent, cachés dans des
buissons ou des embuscades. Ils restent étendus à terre,
prennent un point d'appui avec la main gauche sur un
corps solide, tel qu'une grosse branche d'arbre, puis
appuyant leur fusil sur le bras ainsi fixé, ils ajustent avec
soin et manquent rarement le but ; ils sont économes de
leur poudre et ne la dépensent point inutilement ; malgré
leur barbarie, ces peuples honorent la mémoire des braves : mourir les armes à la main est un grand honneur,
tandis que la honte s'attache à la mémoire de quiconque
meurt de vieillesse.

Toutefois ces mœurs, observées rigoureusement par les
générations Kabayls, s'adoucissent en approchant du littoral. A Alger les vieillards sont très respectés et celui qui
arrive à un âge très avancé prend un caractère de sainteté,
prérogative qu'ils partagent du reste avec les sujets
atteints de folie et qu'on considère comme inspirés du prophète.

Cavalier et chasseur, dès sa naissance, un fusil et des
armes, tel est le plus précieux héritage qu'un père puisse
léguer à son fils. Toujours prêts à combattre, les Kabayls
préfèrent l'indépendance et la misère aux douceurs d'une
vie plus tranquille achetée au prix de leur liberté et de
l'indépendance. Pour la plupart, ils sont misérables et
pauvres, mais ils l'ignorent et sont libres. Cette ignorance
et la liberté sont pour eux le vrai bonheur. Il est extrêmement difficile et dangereux de pénétrer dans les gorges
de leurs montagnes pour aller les attaquer, et le succès

n'a que très rarement couronné les entreprises de ce
genre : ou les troupes ont été égorgées dans les défilés, ou
bien ces Kabayls se sont dispersés, déjouant ainsi les projets de leurs ennemis. Malheur à leurs voisins quand ils
descendent dans la plaine ! Ils portent alors, avec eux, le
pillage et l'assassinat.

Je crois pouvoir affirmer que les Juifs [1] possèdent, dans
la régence d'Alger, l'instinct du commerce à un degré
plus élevé encore qu'en Europe. Par suite de l'état d'avi-
lissement dans lequel ils étaient tenus, on les trouve ram-
pants et sans dignité, écrasés par les impôts et les cor-
vées, méprisés et maltraités par les autres castes. Afin de
les distinguer, il ne leur était permis que de porter des
vêtements de couloir noire : ils sont d'une lâcheté et
d'une pusillanimité remarquables. Dans leurs disputes,
ils poussent des cris affreux, s'invectivent dans les termes
les plus outrageants, mais jamais ils n'arrivent à des voies
de fait. J'ai vu des enfants maures âgés de douze ans
battre des juifs qui étaient dans la force de l'âge ; aussi
les Maures voient-ils avec beaucoup de peine, que la dis-

6° les Juifs.

---

1. Les études sur les Juifs algériens sont généralement des livres
de polémique. Elles sont particulièrement abondantes aux époques
où la question juive a été soulevée, soit lorsque a été décrétée la
naturalisation en bloc des Juifs (décret Crémieux), soit quand se
sont produites de violentes agitations antisémites (1898-1900).

Nous bornerons ces notes à quelques remarques :

a) Des groupes d'Israélites sont disséminés dans toute l'Afrique du
Nord ; ils paraissaient nécessaires à la vie des sociétés musulmanes
où ils jouaient un rôle financier, industriel et commercial.

b) Les Juifs algériens auraient, semble-t-il, une double origine : ils
descendraient en partie des communautés juives dispersées au premier siècle de notre ère après la prise de Jérusalem par Titus, en
partie d'éléments berbères convertis plus tard.

c) Les Israélites progressent rapidement, surtout dans les villes :
d'après le dénombrement de 1911, ils sont 20.771 dans le département d'Alger, 29.834 dans celui d'Oran, 18.955 dans celui de Constantine, ce qui donne, pour l'Algérie entière, 69.560.

tance énorme qui les séparait d'avec eux n'existe plus aujourd'hui, que les Français gouvernent tous ces peuples, d'après les mêmes lois, sans distinction et sans privilèges. Leur synagogue est mal bâtie, les richesses qu'ils auraient pu y étaler en eussent été bientôt enlevées. Éclairé par une mauvaise lampe, ce temple était peu propre à émouvoir au souvenir de la religion de Moïse, de David et de Salomon.

7° les Nègres. On rencontre à Médéah, comme par toute la Régence, une autre classe qui est celle des Nègres[1]. Ces derniers arrivent par caravanes de l'intérieur de l'Afrique et vivent en esclavage chez le maître qui les a achetés ; ce sont d'excellents domestiques et susceptibles du plus grand attachement. En voici un exemple récent : le capitaine C... se rend accompagné d'un ami au delà de la Maison-Carrée pour chasser, et tombe au milieu d'un groupe de cavaliers arabes qui lui coupent la tête. À cette nouvelle, le nègre qu'il avait à son service depuis un an pousse des cris de désespoir, la douleur la plus profonde torture son âme, et c'est en vain que les amis de son maître cherchent à le consoler. Une fièvre avec transport au cerveau

1. De nombreuses brochures ont été publiées sur les Nègres en Algérie, tout particulièrement vers 1860, c'est-à-dire à l'époque où on voulut introduire dans la colonie la main-d'œuvre noire et y attirer les nègres des États-Unis.

Ausone de Chancel : *Cham et Japhet ou de l'émigration des Nègres chez les Blancs, considérée comme moyen providentiel de régénérer la race nègre et de civiliser l'Afrique intérieure.* Paris, 1859, in-8°.

Saint-Amant : *L'Algérie et les Nègres libres des États-Unis.* Alger, 1866, in-8°.

Saint-Maur (J. de) : *Objections contre l'introduction d'engagés noirs en Algérie.* 1866.

Doutté : *La Société Musulmane du Maghrib. Magie et religion dans l'Afrique du Nord.* Alger, Jourdan, 1909, in-8°.

Andrews (J.-B.) : *Les Fontaines des Génies. Seba Aioun. Croyances soudanaises à Alger*, avec une préface de M. René Basset. Alger, Jourdan, 1903, in-8°.

s'empare de tout son être ; seul, abandonné, privé de tout secours, il n'échappe à la mort qu'à démi puisqu'il conserve une paralysie presque générale. Aujourd'hui, on le voit dans les rues d'Alger, misérable, décharné, se cramponnant à deux mains après un long bâton en roseau pour soutenir son cadavre, véritable squelette qu'il traîne péniblement de porte en porte en mendiant son pain. Puissent ces lignes appeler la commisération générale sur ce malheureux, que l'autorité civile aurait dû recueillir dans un hospice ! Les négresses lavent les maisons tous les jours et les tiennent d'une propreté admirable. Quand un homme riche et puissant vient à mourir, la famille donne la liberté à quelques-uns des domestiques noirs ; c'est ce qui fait qu'on rencontre des nègres affranchis.

C'est sur le sol de l'Afrique que l'on peut vraiment bien observer la différence qui existe entre un peuple libre et celui qui gémit sous le joug du despotisme, entre une nation éclairée par les lois et les sciences et des populations livrées à toute la dépravation d'un cœur insensible à la gloire. Ces peuples qui ont produit les pères de la médecine ne connaissent d'autre médecin que la nature, d'autres remèdes que ceux dictés par l'ignorance et la superstition. Ce n'est point qu'ils professent du mépris pour l'art de guérir : loin de là, les médecins sont parfaitement accueillis[1] par eux ; ce titre est même le seul qui puisse mettre un frein à leur barbarie et les empêcher de massacrer un étranger. Ils ne sont, alors, humains que

Pourquoi les Arabes révèrent-ils les médecins ?

1. Le docteur Baudens marque ici en termes singulièrement précis un des moyens d'action les plus sûrs qui s'offre aux Européens pour agir sur les indigènes. Les *toubibs* ou médecins, surtout les doctoresses, peuvent pénétrer dans les intérieurs musulmans où on les appelle quand les cas sont graves. Cette forme de pénétration a été employée ces derniers temps au Maroc et on la développe en Algérie.

pour eux-mêmes ; l'intérêt personnel fait taire un instant leur férocité naturelle.

Médecine chez les Arabes. La saignée du bras est, chez eux, le remède universel ; mais ils ont aussi recours, très souvent, aux scarifications pratiquées à l'aide du rasoir promené légèrement et avec vitesse à la surface de la peau de manière à en multiplier rapidement le nombre sans pénétrer profondément. Ils choisissent souvent la partie postérieure et moyenne des jambes, ainsi que les régions des tempes pour lieu d'élection ; la turgescence de la face, par le fait de ligatures fortement serrées autour du col, indique le moment de passer le tranchant du rasoir sur les téguments des régions temporales. La division de l'épiderme fait naître à l'instant de nombreuses gouttelettes de sang dont l'émission est favorisée à l'aide d'un cylindre de bois, promené sur ces parties.

Des matrones juives n'ayant aucune notion médicale s'occupent de l'art des accouchements ; j'ai été témoin d'une foule d'accidents dus à leur ignorance : elles possèdent des remèdes infaillibles contre la stérilité et, à ce sujet, j'ai cru devoir rapporter le fait suivant, comme propre à stigmatiser la stupide crédulité de leurs clients en même temps qu'il fera connaître les effets peu connus de la racine de Pyrèthre *(Anthémis Pyrethrum)* [1] ingérée à forte dose [2].

Principales maladies internes des Arabes. Les Arabes ne connaissent point ces nombreux cortèges de maladies qui viennent à la suite de notre mollesse et de nos excès. Toutes proviennent ordinairement de leur grande malpropreté (je fais exception toutefois en faveur des habitants des villes), de leurs excès avec les femmes,

1. V. plus loin l'appendice, aux p. 306-308.
2. *Note de l'auteur* : Elle a pour titre dans le manuscrit : *Effets de la Pyrèthre (Racine de l'Anthémis Pyrethrum).*

et de leur mauvaise nourriture ; ce sont des maladies cutanées, des fièvres intermittentes, des rhumatismes, le mal vénérien, appelé mal des chrétiens, bien que, probablement, il prit naissance chez eux. Ainsi dénommé parce qu'il est plus fréquent chez les habitants des côtes qui ont plus de rapport avec les Européens, il n'est point inconnu dans ces régions. Il n'est combattu par aucun remède, et néanmoins il ne cause pas autant de ravages qu'en Europe, soit à cause du grand air que les malades respirent, soit à cause de leur frugalité et de l'heureuse influence du climat, soit, enfin, parce qu'en Europe, l'abus des préparations mercurielles prend une part active dans tous les accidents de ce genre. Quoiqu'il en soit de l'abus du mercure, je suis bien loin de le proscrire totalement et de le frapper d'anathème à l'exemple d'une foule de médecins modernes. Ayant été placé, à Alger, à la tête d'un hospice de vénériens composés en grande partie d'indigènes, j'ai pu, dans plusieurs occasions, me convaincre de l'action efficace des préparations mercurielles, employées sagement, et combinées souvent à l'opium pour combattre une foule d'affections syphilitiques dégénérées, affections que l'on ne saurait d'ailleurs rapporter au mercure puisque ce médicament n'était point en usage dans la Barbarie. Des ulcères cutanés qui avaient résisté au beau climat d'Afrique, à la frugalité la plus parfaite, au régime végétal et à l'absence de toute espèce de stimulant, ont été guéris rapidement par des pansements faits avec le cérat mercuriel quand les autres préparations médicamenteuses avaient échoué. Sans entrer ici dans des discussions interminables sur le virus syphilitique et sur son spécifique vrai ou prétendu, ce dont je m'inquiète fort peu, j'admets comme positif, qu'il est des cas où le mode de stimulation du mercure est sinon indispen-

La Syphilis en Afrique.

sable, au moins très efficace, et plus efficace qu'aucun autre médicament connu jusqu'à ce jour pour la guérison de certaines affections de la syphilis. Je me propose, plus tard, d'appuyer par des faits l'opinion que j'émets actuellement.

Soins donnés par les indigènes aux sujets atteints de fracture des membres.

Presque toujours en guerre, les individus qui sont blessés ou dont les membres sont fracturés sont abandonnés aux soins de la nature. Dans ce dernier cas toutefois, les médecins arabes ont soin d'entourer le membre fracassé d'une espèce d'étoupade composée de poils de chameau agglutinés avec du blanc d'œuf et d'un bracelet composé de longs cylindres en roseaux, réunis entre eux par des liens, de manière à contourner le membre et à faire en quelque sorte l'office d'atelles. Deux d'entre elles, plus longues que les autres, sont destinées à fournir des points d'appui pour l'extension et la contre extension. Ils emploient également, et quelquefois avec succès, un autre bandage inamovible, composé de compresses et de bandes arrosées d'eau dans laquelle on a délayé de la farine dont le dessèchement donne une grande solidité et réunit en une seule toutes les pièces qui composent l'appareil de pansement. Quelques blessés guérissent avec difformité, d'autres conservent toute leur vie des ulcères fistuleux, et le plus grand nombre périt par suite d'accidents inflammatoires. Comme leur religion et leurs affaires civiles n'exigent point qu'ils soient avertis de leur dernière heure, ils meurent sans songer à la mort ; ils marchent jusqu'au dernier moment et alors ils tombent étendus sur le sol sans jamais quitter leurs vêtements. Le malade prévoit-il sa fin prochaine, il tourne la face vers l'Orient et expire en paix en se recommandant à Mahomet ; son trésor enfoui dans la terre reste perdu pour les siens. Le Kabayl moribond n'oserait en révéler le secret même à son fils, dont l'avarice pourrait armer la main parricide.

Dans les combats, les Arabes enlèvent leurs blessés, et même leurs morts, avec le plus grand soin, et au péril de leurs jours ; ils aiment mieux les traîner après la queue de leurs chevaux, même à travers les buissons, que de les abandonner au pouvoir de l'ennemi. Ces Arabes ont la tête rasée et ne conservent que l'épi, poignée de cheveux par laquelle l'Ange doit les enlever pour les transporter au troisième ciel ; aussi ne redoutent-ils rien tant que d'avoir la tête séparée du tronc. C'est d'après ce préjugé, qu'après avoir impitoyablement massacré nos blessés, ils n'oublient jamais de leur couper la tête et qu'ils poussent même leur féroce fanatisme jusqu'à déterrer les morts pour leur faire subir cette opération. Quand ils en ont le temps, ils coupent les poignets de leurs ennemis et leur enlèvent les organes génitaux pour retourner dans leurs tribus triomphants et chargés de ces dépouilles sanglantes. Puisque de tous les supplices la décollation est le plus redouté, nul doute que des représailles de cette nature ne fassent sur l'esprit des Arabes la plus vive impression.

Mais si l'on veut coloniser, il faudra réserver ces représailles pour des peines exceptionnelles. Toujours il faudra traiter l'Arabe une balance d'une main et, longtemps encore, un sabre de l'autre. Vous ne l'humaniserez pas en imitant sa férocité ; d'ailleurs voyons les passions qui l'animent dans le combat, et cette férocité nous révoltera peut-être moins. Les combats des Arabes ne se font pas comme les nôtres par des intermédiaires soldés à la façon des avocats qui se querellent pour leurs clients, et, souvent, sans intérêt bien direct.

Leurs guerres entre eux sont faites par les populations : c'est un ensemble de duels, c'est la satisfaction des sentiments de haine et de la colère la plus violente. Nous sommes de même dans nos guerres civiles, et la Vendée a montré ce qu'il y a de plus fort en cruauté. Les combattants arabes sont donc toujours en fureur contre leurs ennemis. C'est le lion qui veut dévorer le tigre. Il n'y a pas de pardon ; tout le mal possible est fait avec ardeur et approbation générale. Telles sont leurs guerres entre eux. Avec les Turcs il en était de même. Tout blessé turc avait la tête coupée, et cette dépouille rapportait ordinairement une cinquantaine de francs. Comment auraient-ils ménagé les Turcs, leurs tyrans[1] ? Ils n'ont pas dérogé en notre faveur à leurs habitudes guerrières ; nous les avons traités de même, et il est vrai de dire que nos soldats ont tué à peu près tous les blessés arabes qu'ils ont rencontrés. L'empressement des Arabes à sauver leurs blessés est donc la conséquence naturelle de leur manière de combattre entre eux, avec les Turcs et avec nous. Le même intérêt existe pour nous à l'égard de nos blessés.

Lois qui les régissent. Les Arabes qui composent le même douar sont régis d'après certaines lois consenties entre eux, et dans leur intérêt mutuel. Quand ils peuvent mettre la main sur les criminels, ils les jugent dans leur tribu et leur infligent

---

1. On connaît mieux aujourd'hui les sentiments de haine féroce et implacable qu'avaient voués aux Turcs les indigènes de la Régence. Il suffit de lire les correspondances qui remontent aux premières années de la conquête et que l'on commence à publier. Dans la Correspondance du capitaine Daumas, de nombreux passages témoignent de cette hostilité irréductible. Sans aucun doute, à cette époque, les Turcs étaient plus détestés que les Français : « Vous valez mieux que les Turcs qui nous pillaient et massacraient », dit à Daumas le marabout Sidi Mohamed ben Haoua (Yver, *Correspondance de Daumas*, p. 60). « Mais cette haine (contre les Haddars habitants des villes) n'est encore rien en comparaison de celle que portent les Arabes aux malheureux débris des Turcs et des Courouglis. Quant aux premiers, tous ceux qui se sont fiés aux Arabes ne sont plus » (Yver, *ibidem*, p. 601).

la peine du talion[1] : quiconque a ôté la vie à son semblable est condamné à la perdre lui-même et, s'il a donné huit coups de couteau à sa victime, l'exécuteur des hautes œuvres ne doit lui abattre la tête qu'au huitième coup de yatagan, ainsi que je l'ai vu pratiquer dernièrement. A Alger, quelques jours auparavant, le bourreau avait fait l'amputation du poignet à l'aide d'un couteau courbé sur son tranchant, et avec assez d'adresse, à un Arabe convaincu de vol avec récidive ; le moignon sanglant fut plongé, à l'instant, dans un bain résineux de térébentine liquéfiée, sans aucune ligature artérielle préalable, puis par-dessus cette croûte on appliqua un appareil contentif qui ne fut enlevé que le quarantième jour, époque à laquelle la guérison était complète. Cette méthode de plonger le moignon des amputés dans un bain résineux rappelle la chirurgie barbare du xv⁰ siècle, et on sait par quel heureux concours de circonstances notre célèbre A. Paré fit justice de cette routine barbare. Après l'exécution, le mutilé traversa toute la ville portant sa main, que le bourreau venait d'abattre, fixée à sa boutonnière, pour aller l'enterrer lui-même dans le cimetière.

Ils jugent les criminels et leur infligent la peine du talion.

La nourriture des Arabes est excessivement frugale : quelques pâtes, très peu de viande, du laitage, des fruits,

Leur nourriture.

1. La peine du talion est autorisée et même prescrite par le Coran :
« O Croyants ! la peine du talion vous est prescrite pour le meurtre :
« un homme libre pour un homme libre, un esclave pour un esclave
« et une femme pour une femme. Celui auquel une remise de peine
« [du talion] sera faite par son frère doit être traité avec humanité
« et il doit à son tour s'acquitter généreusement envers celui qui lui
« a fait une remise » (*Coran*, II, 42).
« Quant à un voleur et une voleuse, vous leur couperez les mains
« comme rétribution des œuvres de leurs mains, comme châtiment
« venu de Dieu » (*Coran*, V, 42).
D'après le Lieutenant-Colonel Villot, *Mœurs, coutumes et institutions des Indigènes de l'Algérie* (Alger, Jourdan, 1888. in-8°, p. 139-140).

de l'eau pour boisson, voilà de quoi manger pour vivre. Les Bédouins qui viennent à Alger chercher de l'ouvrage s'estiment très heureux de pouvoir se nourrir de pain qu'ils humectent légèrement avec de l'huile rance. Chez eux l'art culinaire est encore dans l'enfance ; ils se gardent bien de faire usage de boissons fermentées que l'avarice plus encore que la religion proscrit.

Leur habillement.

Leur habillement [1] consiste presque uniquement dans une espèce de grand manteau blanc à capuchon appelé burnous ; ce vêtement tombe jusque sur les talons et n'est quitté ni le jour ni la nuit. Le jour, il sert d'abri contre les rayons du soleil ; la nuit, il garantit du froid et de l'humidité ; son tissu qui est entièrement de laine est très hygiénique dans les pays chauds où la suppression de transpiration cutanée exposerait à une foule de maladies. Ces burnous sont travaillés par les femmes des Kabayls dont les troupeaux fournissent la laine ; ils sont encore portés même en lambeaux et mille fois rapiécés. Aussi est-ce vraiment le cas de dire que ce n'est pas le bédouin qui quitte son burnous, mais bien celui-ci qui se sépare de son maître. Cette espèce de chasuble est confectionnée tout d'une seule pièce et sans couture, fermée par devant, et ornée de franges de laine ou de soie aux extrémités, sur la poitrine et aux pointes du capuchon. Les Kabayls se distinguent des Arabes par leur costume. Les premiers portent sur la peau une espèce de blouse en laine et très ample, une calotte rouge et un burnous par dessus le tout. Les Arabes ont sous le bur-

---

1. Sur les pièces du vêtement indigène, les noms qu'on leur donne, leur description et leur usage, on trouvera toutes les précisions désirables dans l'ouvrage cité de M. le Lieutenant-Colonel Villot, *Mœurs, coutumes et institutions des Indigènes de l'Algérie*, p. 136-140.

nous deux ou trois calottes sur la tête et le haïc, pièce de laine large de quatre à cinq pieds, longue de douze à dix-huit qu'ils drapent autour du corps et de la tête et maintiennent autour de celle-ci par une corde en poils de chameau roulée plusieurs fois, et remplaçant le turban des Turcs.

Il entrait dans l'intérêt politique de ces derniers, pour conserver et étendre même leur influence sur ces peuples, de fomenter chez eux des divisions continuelles, des guerres intestines, en les armant les uns contre les autres et les poussant au vol, à l'assassinat, aux plus grands excès d'injustice et de cruauté. Leur médiation devenant alors nécessaire, ils intervenaient moyennant des sommes considérables et prélevaient les impôts. Ils concevaient parfaitement que, si ces Barbaresques guidés par l'intérêt commun venaient à se réunir, leurs forces combinées briseraient bientôt le joug qu'ils leur imposaient.

Comment une poignée de Turcs parvenaient-ils à dominer des barbares?

Tels étaient les moyens à l'aide desquels une poignée de Turcs parvenaient à dominer des populations entières. Une politique aussi infâme ne peut s'allier avec le nom français, et pour avoir jusqu'ici négligé cet axiome : *Diviser pour régner*, la colonie éprouvera peut-être quelques difficultés à s'établir dans ce pays. Toutefois le fanatisme religieux des indigènes et leur aversion contre les chrétiens ne sont point poussés assez loin pour que l'intérêt ne les contrebalance avec avantage [1] ; aussi, chaque jour, une foule de transactions ont-elles lieu entre chrétiens et mahométans ; les plus fanatisés eux-mêmes

L'avarice des indigènes est le seul mobile de leurs actions.

1. Cette remarque, très juste et très heureuse, pouvait à ce moment servir de règle à la politique française en Afrique. Elle fut reprise par Bugeaud qui, lui aussi, connaissait bien les Arabes. Aussi lorsqu'il eut soumis les tribus des environs de la Métidja, il chercha

trouvent dans l'or de quoi faire taire leurs scrupules et leur conscience. Toutefois, ces derniers traitent alors par l'entremise d'un tiers et non directement avec l'acheteur. Cette manière jésuitique de composer avec les principes religieux est d'un bon augure et renferme peut-être tout le secret de coloniser la régence d'Alger.

Depuis cinq ans que les Français sont en Afrique, une douzaine d'entre eux ont été égorgés par les Arabes. Leur bras n'était point dirigé par le fanatisme mais par la cupidité, uniquement pour spolier leur victime. S'il en était autrement, chaque jour ne pourraient-ils pas exercer leur vengeance sur d'imprudents colons qu'ils rencontrent à l'écart mais dont la pauvreté n'excite pas leur avarice ? D'ailleurs leur conduite à notre égard ne diffère point de celle qu'ils tiennent avec leurs coreligionnaires, puisqu'une fois certains du succès ils attaquent leurs voisins pour les dépouiller. Les Arabes exercent donc un véritable brigandage qu'il sera facile de réprimer à l'aide d'une maréchaussée composée à la fois d'Arabes dévoués et de Français.

Sans cesse poursuivi par la crainte du pillage, le cultivateur n'ensemence que pour ses besoins journaliers sans oser rien entreprendre ; d'un autre côté, la faulx des guerres intestines décime les populations, prive la campagne des bras nécessaires à la culture et fait un désert du plus beau pays du monde. Aussi ne devons-nous pas nous étonner de voir la Barbarie presque inculte et déserte. C'est dans ces contrées, autrefois la patrie d'un peuple industrieux et commerçant, le berceau

à les attirer à lui par la satisfaction de leurs intérêts matériels et il les maintiendra ensuite sous notre domination, en leur donnant les moyens de s'enrichir. Cf. Victor Demontès, *La Colonisation Militaire sous Bugeaud*, IV, p. 492-496.

de plusieurs hommes à jamais célèbres, successivement
habitées par les Carthaginois, les Romains, les Maures,
les Arabes, les Turcs, le théâtre de grandes révolutions
et le siège de deux grands empires, aujourd'hui le foyer
de la barbarie la plus reculée, que l'on se sent vivement ému du néant des grandeurs humaines.

Comme si l'abrutissement et la dégradation du moral de
l'homme avaient dû exercer leur influence désastreuse sur
les espèces du règne animal tenues en servitude, les animaux domestiques sont moins vigoureux qu'en Europe,
ce qui tient probablement à la mauvaise nourriture et au
défaut de croisement des races. Les bœufs et les vaches [1]
semblent avoir dégénéré : celles-ci donnent peu de lait,
mais, quand l'animal est bien nourri, son lait contient
beaucoup de *Butirium*, il est crémeux et d'excellente qualité. Tel était, du moins, celui que nous nous sommes
procuré à Médéah. Le lait que les Arabes viennent vendre
à Alger est transporté dans des outres malpropres ; il est
falsifié et n'a point les qualités que nous venons d'indiquer. Néanmoins, depuis que les Européens nourrissent
des troupeaux pour spéculer sur leurs produits sécré-
teurs, on s'en procure qui est excellent, mais que l'on vend
très cher. Si le beurre que nous procurent les Indigènes
est d'un goût détestable, il ne faut point accuser le liquide

Les bœufs et
les vaches.

1. Bien qu'en général, les bovins en Algérie soient de petite stature — la taille d'un gros chien, a-t-on dit quelquefois avec une certaine exagération — ils ont dans certaines régions de l'Afrique du
Nord des proportions plus grandes et cela est évidemment la conséquence d'une alimentation meilleure : « Tel fourrage, répète-t-on,
tel bétail. » Or il y a des pâturages plus riches et plus nourrissants
dans quelques parties particulièrement arrosées et tout le troupeau
s'en ressent. Les bœufs des environs de Guelma sont réputés
comme ceux de l'oued Sebou au Maroc. Voir Bonnefoy, *Espèce
bovine*. Alger, 1900, in-8° (Brochure de l'Exposition universelle de
Paris).

qui sert à le faire, mais bien son mode d'extraction, et en effet on emploie, pour l'obtenir, des peaux dont les poils occupent la face interne des outres qu'elles représentent, et c'est en agitant le lait dans ces sacs cutanés que l'on obtient la séparation de la partie butireuse des autres éléments qui composent le lait ; aussi, ce beurre contient-il une foule de poils, et prend-il en peu de temps de l'aigreur par la présence du petit-lait qu'il contient. Celui que préparent les colons africains selon la méthode européennne est de bonne qualité.

Les bœufs, dont le prix ne s'élevait guère au-dessus de 25 francs pendant les premiers mois de notre présence en Afrique, ont aujourd'hui, déjà, doublé de valeur à cause de la grande consommation de viande faite par les Européens. Aussi les Arabes, dont la frugalité est extrême, manifestent-ils le plus grand étonnement de nous voir engloutir des troupeaux entiers en très peu de jours. La grande facilité de se procurer des bœufs à peu de frais favorise singulièrement l'agriculture. Ces animaux sont en effet employés aux travaux agricoles ; peu délicats sur leur nourriture, ils rendent de grands services pendant leur vie, et, quand ils sont morts, toutes les parties de leur corps sont mises à profit : la peau, les cornes, la chair, les os, les boyaux, même le sang qui est un excellent engrais, et que nous savons si bien utiliser dans nos raffineries de sucre.

Les chameaux. Dans ce pays où l'absence de routes bien tracées rend les communications et les transports extrêmement difficiles, le chameau [1] est l'animal le plus précieux. Il y a en Afrique deux espèces de chameaux dont l'une n'est

1. Les chameaux algériens n'ont point fait l'objet d'études aussi nombreuses que les moutons et les chevaux de la colonie. Pas d'ou-

que la miniature de l'autre, beaucoup plus grande et plus forte, destinée à porter des fardeaux énormes et très pesants ; la docilité de cet animal, sa sobriété, la facilité dont la nature l'a doué de rester plusieurs jours sans boire ni manger, le fait, à juste titre, beaucoup rechercher par les Arabes. Sans lui, les caravanes ne sauraient parcourir les déserts et les sables brûlants de l'Afrique et nous serions privés de communication avec l'intérieur de ce riche pays. Il y a dans les déserts voisins, outre le chameau, une autre espèce nommée Méhari. Ces animaux n'ont aussi qu'une bosse sur le dos et font des courses prodigieuses. Les uns font en un jour quatre-vingts lieues, les autres, dit-on, jusqu'à cent vingt lieues, ce qui nous semble tout à fait fabuleux,

Les moutons[1] sont d'une taille élevée et offrent une Les moutons.

vrage d'ensemble à notre connaissance ; quelques articles particuliers dont les principaux sont :

Carbuccia : *Du dromadaire comme bête de somme et comme animal de guerre.* Paris, Dumaine, 1853, in-8° ;

Capitaine Mathieu : *Quelques observations sur l'élevage du méhari chez les Chaamba Mouadhi (El Goléa)*, dans le *Bull. Soc. Géog. Alger.* 1905, p. 353 et suiv. ;

E. Michal : *Le Chameau du Sahara Soudanais (Bull. Soc. Géog. Alger*, 1905, p. 368 et suiv.).

On lira aussi avec fruit sur ce sujet : *L'Evolution du Nomadisme en Algérie* par Augustin Bernard et le Commandant Lacroix (Alger, Jourdan, 1906, in-8°), et *les Documents sur le Nord-Ouest Africain* par H. M. P. de la Martinière et N. Lacroix (Gouvernement Général de l'Algérie, Service des Affaires Indigènes, 1896).

1. Parmi les très nombreux ouvrages, consacrés aux moutons algériens, on peut citer :

Le Pays du Mouton (Alger, 1893, grand in-4°) ;

Couput : *Espèce ovine* (Alger, 1900, in-8°) ;

Mathieu et Trabut : *Plateaux Oranais* (Alger, 1891, in-8°) ;

Viger : *Etude sur la question ovine en Algérie* (Clermont-Ferrand, 1892, in-8°).

A consulter aussi l'étude de M. Bourde : *Rapport sur l'élevage du mouton en Tunisie* (Tunis, 1895) et de multiples publications officielles.

grande analogie avec les beaux moutons de la Flandre. Leur laine un peu grossière à la vérité est forte, élastique, et nerveuse, mais outre que l'industrie de l'homme est inépuisable, il est plus que probable que des soins mieux entendus et une nourriture plus convenable donnés à ces troupeaux rendraient ces laines aussi fines que celles de la Saxe. L'expérience confirme déjà notre assertion ; et d'ailleurs ne sait-on point que les laines les plus fines nous viennent de l'Andalousie, province voisine d'Alger. Nul doute que cette espèce de moutons si richement vêtus, appelés mérinos, importés sous le ciel de la Barbarie, ne devienne d'une grande richesse pour l'agriculteur. La chair de ces animaux est également d'un prix peu élevé et les indigènes en font infiniment plus de cas que de celle du bœuf parce qu'ils n'emploient pas ce dernier pour faire comme nous des consommés dont ils ne font point usage et qu'ils ne prisent aucunement.

Les chevaux. Si la négligence des Arabes à multiplier et à croiser de belles races a fait perdre aux chevaux [1] beaucoup de leur antique réputation, ils possèdent néanmoins, encore, une foule de qualités précieuses qui doivent les faire rechercher. Remarquables par leur grande vigueur et leur

1. La négligence des Arabes n'est pas aussi grande que le remarque ici l'auteur, du moins en ce qui concerne les chevaux. Les grands chefs soignent beaucoup leurs montures ; aussi quelques-unes sont splendides. D'ailleurs les Arabes des grandes tentes attachent à la possession de beaux coursiers un prix tout particulier dont témoignent les poésies et les proverbes : « Le paradis, dit un pro- « verbe, est sur le dos d'un cheval ou entre les seins d'une femme. » « Une selle, un cheval, dit un autre, et la vie pour l'Islam. » « Celui « qui entretient un cheval pour la guerre sainte dans la voie de Dieu « très haut augmente le nombre de ses bonnes œuvres. »

Comme livres à consulter sur le cheval algérien, on peut lire :

Daumas : *Les chevaux du Sahara*, avec commentaire de l'Emir Abd el Kader (6e édition ; Paris, 1864, in-18) ;

Aureggio : *Les chevaux du Nord de l'Afrique* (Alger, 1893, in-8°).

souplesse, ils supportent parfaitement les fatigues les plus fortes, malgré leur sobriété et l'alimentation peu substantielle dont ils font habituellement usage : de la paille hachée, peu d'orge, quelque peu d'herbes grossières qu'ils prennent en plein champ, le soir et le matin, en voilà pour toute la journée. Ces coursiers ne sont guère habitués au trot et on peut dire qu'ils n'ont que deux allures : le pas et le galop. Cette dernière surtout est celle qui leur est la plus familière. Ils ne sont point ferrés parce qu'ils doivent gravir des rochers escarpés qu'ils montent et descendent au galop, avec une prodigieuse facilité. Ils sont d'un caractère froid quand ils sont au repos ; ils sont pétulants et pleins d'ardeur sous le cavalier, faciles à dresser et à manœuvrer.

L'importation en France des chevaux arabes, dont le prix est peu élevé, permettrait d'améliorer nos races et de remonter la cavalerie légère à peu de frais, tout en nous affranchissant du tribut annuel payé à la Suisse, au Duché de Luxembourg, au Mecklembourg et aux autres pays d'où la France tire une grande partie de ses chevaux. La taille du cheval arabe est médiocre ; il porte la tête haute ; ses jarrets sont larges et ses jambes fines ; presque tous portent une robe alezane ou gris pommelé. Toutes les proportions de leur corps sont parfaitement bien observées.

Bien que mon intention ne soit pas de faire ici une revue du règne animal de l'Afrique, je ne saurais néanmoins m'abstenir de dire deux mots du chien observé sous ce climat : cet animal au poil ras et lisse, roux ou blanc, aux oreilles longues, peu larges et droites, au museau allongé, ayant le corps long et les pattes proportionnellement peu élevées, paraît barbare comme tout ce qui respire dans ces régions. Cette espèce, la seule que j'aie observée dans l'intérieur de l'Afrique, est privée de ces qualités sociales qui rendent le chien l'ami de l'homme. Le regard de cet animal est sauvage et farouche. Errant et vagabond, il ne connaît point de maître, se nourrit de sa chasse et d'immondices. Avide de chair humaine, il est toujours affamé. Malgré la faim qui sans cesse le tenaille, malgré la sécheresse et les grandes chaleurs du climat, il n'est pas sujet à la rage[1]. Cette maladie n'est point connue sous le ciel d'Afrique.

La rage n'est pas connue en Afrique.

M. Larrey a fait une remarque analogue en Egypte. Dans les villes, le caractère de ces animaux est déjà puissamment modifié, et tout porte à croire que, s'ils vivaient dans l'état de domesticité, caressés par leur maître et sans être forcés de pourvoir à leur nourriture, nous trouverions chez eux les qualités précieuses qui nous les font rechercher et aimer en Europe.

Les Céréales.

La Barbarie qui a été si longtemps le grenier de l'Italie a aujourd'hui un commerce de céréales[2] assez considé-

---

1. La rage est aujourd'hui bien connue, trop connue même, en Algérie, et elle y est fort répandue. Déjà, en 1866, elle avait été signalée et étudiée dans une brochure intitulée : *De la Rage en Algérie* par M. C. Boucher (Paris, 1866, in-8°). Ajoutons qu'il existe maintenant à Alger un Institut Pasteur et qu'on y soigne chaque jour un grand nombre de personnes mordues par des chiens enragés ou supposées atteintes de la rage. On trouvera tous les renseignements sur le Service Antirabique dans les Rapports annuels sur le fonctionnement de l'Institut Pasteur d'Alger.

2. De nombreux ouvrages et articles ont été consacrés aux céréales algériennes. On consultera d'abord avec fruit les ouvrages d'ensemble sur les cultures de la colonie :

Battandier et Trabut : *L'Algérie* (Paris, Baillière, 1898, in-12) ;

Rivière et Lecq : *Manuel de l'Agriculteur Algérien* (Paris, Challamel, 1900, in-8°).

Une étude spéciale a paru à l'occasion de l'Exposition Universelle de 1900 :

Varlet : *les Céréales d'Algérie* (Alger, Giralt, 1900, in-8°).

Pour les statistiques indiquant les productions annuelles, on trouvera toutes les indications nécessaires dans les *Exposés Annuels*

rable. Elle est susceptible de l'étendre infiniment plus encore par le défrichement des terrains vierges qui n'attendent que des bras pour produire au centuple, et soutenir, avec avantage, la concurrence des farines des Etats-Unis d'Amérique et de la mer Noire dont la plus grande partie vient de Taganrok. Dans les années désastreuses et marquées par l'inclémence du ciel, la France trouverait dans les plaines de la Barbarie une assurance contre la disette ; elle assurerait son repos et sa tranquillité intérieure en pourvoyant aux besoins de la classe indigente que la misère porte souvent aux excès. L'Angleterre qui manque de céréales et en achète annuellement pour des sommes immenses deviendrait tributaire de la France du jour où elle trouverait ses intérêts à faire ses achats dans notre colonie. Ajoutons, pour terminer ce chapitre, que la Barbarie fait encore un commerce assez étendu de laines, de cuirs [1], d'huile, de cire, de plumes d'autruche, de dents d'éléphant, de peaux et fourrures : elle contient des mines riches et abondantes que l'ignorance des habitants a laissées vierges d'excavations depuis plus de vingt siècles, si toutefois, avant cette époque, ils ont jamais été curieux d'interroger les entrailles de leurs montagnes. Des essais récents et heureux font espérer que le ver à soie, la cochenille, l'indigo, le coton [2], peut-être le café et la canne à sucre, prospéreraient sous le ciel

De quelques produits de la Régence d'Alger.

de la *Situation de l'Algérie*, présentés par le Gouverneur Général aux Délégations Financières ou dans les volumes de la *Statistique Générale*.

1. Sur les laines, les cuirs, les peaux et fourrures, la cire et l'huile, les renseignements généraux sont contenus dans les publications annuelles officielles déjà citées : *Exposé annuel de la Situation de l'Algérie* et *Statistique Générale*.

2. Dès les premières années de l'établissement des Français en Afrique, des essais de culture des plantes tropicales furent entrepris et, malgré leur peu de succès, furent poursuivis pendant plusieurs

de la Régence dont la moyenne température est à Alger de vingt degrés thermométriques centigrade. Mais, sans nous arrêter plus longtemps sur ces digressions, revenons à notre expédition militaire.

La journée du 3o juin ayant été passée à parlementer avec les chefs des tribus soulevées qui persistaient à ne point faire leur soumission au Général en Chef, il fut décidé que le lendemain, 1er juillet, l'armée se rendrait dans les montagnes situées au Sud de Médéah pour aller châtier les insurgés. Je fis disposer un local pour recevoir les blessés que l'affaire du 1er juillet devait nous fournir, et j'obtins que l'on confectionnât de suite une douzaine de brancards pour le transport des hommes qui, par la nature de leurs blessures, ne pourraient être portés à dos de mulet. La facilité de se procurer des chameaux en Afrique n'aurait-elle point dû depuis longtemps suggérer l'idée de les employer aux transports des blessés, ainsi qu'on le fit en Egypte ? Puisse le chapitre qui suit, extrait des mémoires du chirurgien en chef de cette armée immortelle [1], attirer l'attention de l'autorité ! Les moyens

En Afrique des chameaux devraient être employés au transport des blessés.

années. Les illusions furent tenaces, les controverses passionnées. Le Maréchal Clauzel était convaincu du succès, le général Berthezène en doutait. Consulter notre ouvrage : *Les Préventions du général Berthezène* et notamment l'introduction (p. 41-45).

L'élevage du ver-à-soie aurait pu réussir, le mûrier poussant vigoureusement dans la colonie. Bugeaud, partisan des cultures arbustives, ordonna de planter un grand nombre de ces arbres sur les routes et dans les centres de colonisation. Voir notre autre ouvrage : *La Colonisation Militaire sous Bugeaud*, Chap. I, et surtout une brochure que nous avons publiée dans le *Bulletin de la Société de Géographie d'Alger* en 1918, sous ce titre : *Le Maréchal Bugeaud et l'Agriculture Algérienne*, p. 40-42.

1. Larrey (Dominique, Jean, baron) : né à Baudéan, près de Bagnères-de-Bigorre en juillet 1766, mort à Lyon le 25 juillet 1842 ; il fit ses études à Toulon et à Paris. Embarqué sur la *Vigilante* en qualité de chirurgien major, il ne termina ses études qu'au retour de cette campagne. En avril 1792, Larrey était chirurgien major des

de transport furent le premier objet de mon attention, car il ne suffisait pas « de panser les blessés sur le « champ de bataille, il fallait encore les mettre hors « de l'atteinte des Arabes ; il s'agissait, à cet effet, d'em- « ployer les chameaux, seules montures du pays, et de « rendre les moyens de transport aussi commodes pour « les blessés que légers pour ces animaux. En consé- « quence, je fis construire cent paniers, deux par cha- « meau, disposés en forme de berceau que l'animal « portait de chaque côté de sa bosse, suspendus par des « courroies élastiques. Leur construction était telle qu'ils

hôpitaux de l'armée du Rhin ; il suivit cette armée et améliora le service chirurgical en créant les ambulances volantes dans le corps de Desaix. Un peu plus tard, il est nommé chirurgien principal et dirigé sur Toulon en vue d'une expédition en Corse, mais on l'envoie en Espagne vers l'armée de Dugommier.

En 1796, il est professeur à l'Ecole de Médecine et de Chirurgie au Val-de-Grâce ; en 1797, il est attaché à l'armée d'Italie sous Bona-parte ; il le suit à l'armée d'Angleterre, puis à celle d'Egypte et s'y signale par son zèle infatigable, son dévouement et son ingéniosité. Aussi le premier Consul le désigne en 1804 comme chirurgien en chef de la garde consulaire et de l'hôpital de cette garde. En 1805, il est chirurgien en chef de la Grande Armée et, à ce titre, participe à la campagne de Russie, puis à celle de France, la 24e que faisait Larrey. A Waterloo, il fut fait prisonnier et faillit être fusillé par les Prussiens.

De retour en France en 1815, la Restauration lui confia le poste de chirurgien en chef de l'Hôpital de la garde royale au Gros-Caillou ; il devint membre de l'Académie de médecine et du Conseil Supérieur de Santé. Enfin, en 1842, on le chargea d'inspecter les hôpitaux de l'Algérie, mais il mourut d'une pneumonie pendant son retour à Lyon.

Homme intrépide, laborieux, vigilant, infatigable, qui ne respirait que pour être utile aux hommes, dit un de ses biographes, Parinet. « Si jamais l'armée élève un monument à la reconnaissance, aurait « dit Napoléon, c'est à Larrey qu'elle doit le consacrer. » .

Il écrivit plusieurs livres et mémoires. Nous ne citerons que celui dont il est question ici : *Relation historique et chirurgicale de l'armée d'Orient en Egypte et en Syrie* (Paris, 1803, in-8°).

Le docteur Baudens a imité le docteur Larrey comme chirurgien et comme historien.

« ne gênaient ni sa marche, ni ses mouvements ; ils
« avaient pourtant assez d'étendue, au moyen d'un pro-
« longement à bascule, pour porter un blessé couché
« dans toute sa longueur. »

Combat du 1er Juillet.

Le 1er juillet, à la pointe du jour, après avoir laissé à
Médéah une faible garnison, 3 à 400 hommes se portèrent
en avant, et ce ne fut qu'après une heure de marche que
la fusillade commença à s'engager. La montagne Rirha [1],
sur laquelle l'armée se rendit, est séparée du plateau de
Médéah par une vallée très profonde. On pénétra jusqu'au
bas de celle-ci sans difficulté, et l'on y laissa la cavalerie
française et un peu d'infanterie. Alors, les Arabes de la
montagne demandèrent pardon, en criant, selon l'usage,
qu'ils invoquaient Dieu et leur droit. Puis voyant qu'on
montait ils tirèrent quelques coups de fusil hors de portée,
probablement pour indiquer qu'ils acceptaient la guerre.
On marcha sur deux colonnes et par des chemins fort
escarpés. Une colonne essaya de prendre l'ennemi à
revers, mais il n'attendit pas l'issue de cette manœuvre
pour battre en retraite après avoir été chassé pour ainsi

1. Rirha ou Riga et Righa, tribu berbère fort turbulente qui occupait les environs de Médéa. La bataille dont il est ici question se livra
en réalité sur le plateau d'Aouara.

Les Righa étaient originaires du beylik de Constantine et s'étaient
établis près de Médéa et de Miliana. Ceux des environs de Médéa
furent les premiers en contact avec les Français et leur livrèrent de
durs combats ; ceux de Miliana ne le seront que plus tard en 1842
et ne se montreront pas moins acharnés contre nos troupes. C'est
dans cette dernière tribu que se recruteront les fauteurs des troubles
récents de Margueritte. Voir Jenoudet : *Monographie de la tribu des
Righas* (*Bull. Soc. Géog. Alger*, 1900, I, p. 39-45) et Commandant
Rinn : *Les Righas d'Adélia* (*Bull. Soc. Géog. Alger*, 1900, II, p. 196-
200). Bien que ces deux articles traitent des Righas de Miliana, ils
donnent des détails sur les mœurs belliqueuses et le fanatisme des
indigènes de la tribu entière.

On pourra aussi lire l'article plus ancien de M. Julienne : *Les Rira
de la subdivision de Miliana* (*Revue Africaine*, 1856-57, I, p. 281-286).

dire de terrasse en terrasse, et avoir constamment tiraillé avec l'avantage de la position, et sur des hommes qui l'abordaient avec vivacité. de front, et sans se cacher comme eux derrière les buissons. Arrivés au bout de deux ou trois heures au plateau supérieur, nous eûmes à lutter contre d'assez grandes forces. Les deux colonnes se réunirent et se reposèrent un instant. Le Lt-Général Berthezène, inquiété par quelques partis qui tiraillaient à notre gauche, envoya l'escadron arabe commandé par le brave commandant Marey[1] pour les éloigner et reconnaître la force de cet ennemi embusqué derrière un accident de terrain considérable.

Ces chasseurs algériens chargèrent d'abord à l'arabe, c'est-à-dire en s'avançant au galop, tirant chacun leurs coups de fusil et revenant charger leurs armes, puis, à la française, sabrèrent quelques fantassins arabes et mirent le reste en déroute. Un nègre remarquable par sa haute stature et sa constitution athlétique, actuellement au service du Commandant Marey, combattit à côté de son maître avec un courage de lion. Il fixa vivement l'attention des Arabes qui criaient : « *Mort au noir, tirez sur le*

Brillante charge de cavalerie.

1. Marey Monge, comte de Péluse (Guillaume, Stanislas) né à Nuits (Côte-d'Or), le 19 février 1796, mort à Pomard (Côte-d'Or) le 15 juin 1863.

Il fit la plus grande partie de sa carrière en Algérie. Le 21 octobre 1830, il fut nommé chef d'escadron, commandant le corps des Chasseurs Algériens ; le 17 septembre 1834, lieutenant-colonel commandant les Spahis réguliers d'Alger ; le 31 mars 1837, colonel commandant les Spahis réguliers d'Alger ; le 21 septembre 1841, colonel du 2e Chasseurs d'Afrique ; le 9 avril 1843, maréchal de camp ; le 12 juin 1848, général de division. Il fut Gouverneur Général par intérim le 20 juin 1848 et rentra en France le 24 septembre de la même année.

Il a écrit quelques brochures et articles sur des questions algériennes :

Expédition de Laghouat (Alger, 1844, in-8°) ;
Histoire des Zenakras (*Revue de l'Orient*, 1844).

noir ». Le poste était périlleux : le Commandant reçut deux balles dont l'une lui effleura les reins, le nègre ne reçut aucune blessure grave. Ce dernier, excité par les injures des Arabes, était d'une rare témérité ; il prétendait, du reste, avoir reçu un talisman qui le mettait à l'abri des balles. Cet engagement se passait sous les yeux de la colonne qui complimenta vivement l'escadron quand il revint. J'avais établi mon ambulance non loin des combattants et il me fut permis de donner de suite les premiers secours aux blessés. L'ennemi, sans cesse lâchant pied malgré les nombreux renforts qui lui arrivaient de tous côtés, fut poursuivi jusqu'à trois heures après-midi. La journée s'avançait et il fallait rentrer à Médéah avant la nuit.

Notre retraite sur Médéah.

Le but de l'expédition était rempli ; l'on avait brûlé beaucoup d'habitations et tué un bon nombre d'Arabes. Le Général donna le signal de la retraite qui se fit de même par deux colonnes. Celle de droite revint par le même chemin qu'elle avait pris pour monter. Elle fut très inquiétée, perdit du monde et abandonna quelques blessés. Celle de gauche, au contraire, opéra sa retraite avec le plus grand ordre, et presque sans pertes, dirigée par le Général Berthezène qui donna là une preuve du coup d'œil militaire qui l'avait fait remarquer du temps de l'Empire et en 1830. Le chemin que la colonne de gauche avait pris pour monter était tracé sur le penchant d'une énorme côte. Il avait à sa gauche, par rapport à celui qui monte, une crête de montagnes boisées, à sa droite un vallon profond, et la montagne sur le flanc de laquelle la colonne de droite se retirait : il aboutissait en haut, à un premier plateau garni de beaucoup d'Arabes, puis à un deuxième plateau où était le Général. Ce dernier comprit que, s'il se retirait par ce chemin, les Arabes ne manque-

Habileté du Lt. général Berthezène.

raient pas de garnir la crête de la montagne et qu'il serait
exposé à leur fusillade tout le long de sa route. Il apprit
qu'il y avait, au delà de la crête de gauche que les Arabes
auraient occupée, un autre ravin très profond, avec un
chemin menant à Médéah qui laissait cette crête entre lui
et l'autre colonne ; il résolut de le prendre quoiqu'un peu
plus long, afin de mettre un ravin entre les Arabes et
nous, et d'être maître de la crête dominante. Pour cela,
il donna l'ordre de repousser les Arabes jusqu'à près
d'une lieue au-delà. L'infanterie s'avança, les chasseurs
algériens chargèrent, l'artillerie tira, les Arabes se retirèrent rapidement. La gauche de la colonne s'engagea
alors dans la route de la retraite ; la crête fut garnie par
nous, toute la colonne suivit ; les Arabes vinrent tirailler
de loin avec l'arrière-garde, mais sans résultat important.
On les voyait de l'autre côté du ravin criant et tirant hors
de portée. La troupe marchait sans inquiétude et comme
en pays ami, tandis que l'autre chemin eût présenté un
champ de bataille dans toute sa longueur. Cet exemple
montre combien l'habileté du Chef peut sauver de dangers aux soldats. Le Général Berthezène dit dans son
ordre du jour daté de Médéah : « *Je témoigne ma satisfaction aux troupes de la division qui ont combattu les dix tribus
réunies aujourd'hui pour s'opposer à notre marche. Les
Chasseurs Algériens pour la brillante charge qu'ils ont faite
et les Volontaires Parisiens*[1] *pour avoir abordé l'ennemi
avec l'audace de vieilles troupes méritent particulièrement*

1. Les Volontaires Parisiens avaient été envoyés à Alger dans les
deux premiers mois de 1831 : le Ministère voulait débarrasser la
capitale des éléments turbulents qui avaient participé au triomphe
de la Révolution de Juillet, mais dont la présence à Paris avait cessé
de plaire et qui même étaient regardés comme un véritable danger.
Voir Pellissier de Reynaud : *Annales Algériennes* (Alger, Bastide,
1854, in-8°, I, p. 165 et suiv.) : — Berthezène : *Dix-huit mois à Alger*

des éloges. » Les pertes éprouvées par la colonne de droite agirent puissamment sur le moral du soldat et jetèrent du trouble et de la confusion dans les rangs. L'ennemi au contraire, en voyant notre retraite s'opérer avec peu d'ordre, faisait retentir l'air de hurlements affreux pour se rallier et s'exciter mutuellement à combattre. Il venait de découvrir notre côté vulnérable ; aussi reprit-il une confiance extrême. Dès ce moment, plus de paix possible : il fallut échanger des coups de fusil avec les Kabayls qui nous poursuivirent sans relâche, et avec un acharnement sans pareil, presque jusqu'aux portes d'Alger. Dans l'après-dîner du 1ᵉʳ juillet, j'avais fait sur Médéah une évacuation de blessés que j'avais confiés à une subdivision de mon ambulance. Quelques heures plus tard, je rentrai à Médéah avec notre petite armée et un deuxième convoi de blessés que je n'avais point perdu de vue. Le reste de la journée et une grande partie de la nuit furent employés à panser toutes les plaies et à pratiquer de suite les opérations jugées indispensables sans attendre au lendemain dans la crainte d'un départ précipité et de ne pouvoir donner nos soins à tous ceux qui en avaient besoin. Une grande partie du jour suivant se passa en préparatifs pour le départ qui s'effectua vers trois heures, après-midi.

Quelques instants avant, on avait transporté à l'ambulance un Kabayl qui, descendu des montagnes pour nous espionner dans Médéah même, venait d'être percé de

(Montpellier, 1834, in-8°) ; — Victor Demontès : *Les Préventions de Berthezène*, p. 199-216.

On trouvera notamment parmi les documents que nous citons le *Rapport de route* du chef de bataillon Duvivier, commandant plusieurs bataillons de ces volontaires pendant l'expédition de Médéa. Il sera utile de comparer ce rapport purement militaire avec la relation du docteur Baudens.

mille coups de sabre et de bayonnettes. Non, jamais je n'oublierai les émotions qui m'agitèrent à sa vue.

L'expression féroce et douloureuse de ses traits, son sourire satanique, laissant voir deux rangées de dents blanches et serrées contre ses mâchoires, alors qu'il implorait notre clémence, les mouvements convulsifs qui agitaient dans leurs orbites ses yeux noirs et étincelants, des flots de sang écumeux, échappés avec force de sa poitrine à chaque inspiration, tout peignait un tableau d'horreur et de pitié dont le pinceau le plus habile de nos peintres aurait pu seul retracer l'expression : c'était le tigre blessé, en fureur, et hors d'état de pouvoir nuire.

Je pansai ce misérable avec soin, et le fis déposer à l'écart caché sous la paille afin de le dérober à la fureur des soldats dont l'exaltation était extrême. Lorsque nous partîmes, il vivait encore. J'ignore ce qu'il est devenu.

L'ambulance marchait à son rang de bataille, à la gauche de l'artillerie. En tête de l'ambulance étaient les fiévreux, dégagés de tout fardeau : venaient ensuite les douze brancards que j'étais parvenu, non sans peine, à faire construire et sur lesquels reposaient les douze militaires les plus grièvement blessés. Ce cortège qui avait quelque chose de triste et de funèbre était fermé par une série de mulets chargés des blessés ; de distance en distance, étaient les chirurgiens militaires de mon ambulance dont le zèle infatigable ne s'est jamais démenti et est au-dessus de tout éloge. Comme il était évident que notre départ allait être inquiété par les Arabes, je fis donner à quelques infirmiers de petits sacs de toile remplis de linge et des objets de premiers pansements. Malgré cette prévoyance, il y eut pénurie de bandes et de charpie, parce que nos cantines d'ambulance qui n'étaient autres que des caisses ordinaires ficelées et fixées par des cordes sur le dos des mulets ne pouvaient s'ouvrir sans les décharger. Cette manœuvre entraînait une grande perte de temps et n'était point praticable dans notre retraite précipitée.

Notre départ de Médéah, avec le Bey qu'il fallut ramener avec nous, jeta l'alarme et l'épouvante dans la classe des habitants qui avait fraternisé avec les Français ; elle les exposait à la vengeance des Arabes. Aussi ceux qui se trouvaient les plus compromis, et principalement les Juifs, abandonnèrent-ils leurs pénates pour aller à Alger sous notre escorte, et s'y réfugier.

L'intérêt que les habitants de Médéah inspiraient au Général en Chef l'engagea à leur confier une grande quantité de cartouches [1] pour se défendre contre les Kabayls, mais ceux-ci s'emparèrent après notre départ de ces munitions qui bientôt nous firent faute. Cette conduite fut amèrement critiquée par suite des événements postérieurs. Cependant le Général a agi en homme juste et humain en donnant des moyens de défense aux gens de Médéah que nous avions gravement compromis et certes, si, faute de ces secours, la ville eût été prise par

1. Les cartouches qui furent laissées aux habitants de Médéah firent en effet défaut à nos troupes et ce geste, si généreux soit-il, faillit amener un désastre. Aussi s'explique-t-on les attaques dont fut l'objet le Général Berthezène. Des lettres anonymes furent publiées dans le *Sémaphore* de Marseille, le 16 juillet 1831, incriminant la conduite du général en chef. Celui-ci se plaignit au Ministre de la Guerre et déposa une demande de poursuite au parquet de Marseille. Mais, comme la session des assises était très chargée, le Président refusa de porter l'affaire devant cette session. Le Procureur Général Borély écrivit au général pour lui annoncer ce renvoi et il ne lui cacha pas que la plainte avait peu de chances de réussir, car le *Sémaphore* était le seul journal constitutionnel de Marseille ; de plus il n'avait inséré les lettres qu'en faisant des réserves et enfin, depuis cette époque, il avait reproduit des lettres qui atténuaient la portée des premières.

les Kabayles et la population pillée ou égorgée, on aurait eu raison d'accuser le chef qui, ayant excité la colère publique contre elle, à cause de nous, l'avait ensuite abandonnée, sans secours, à ses ennemis.

La retraite de Médéah jusqu'au camp des Oliviers se fit avec beaucoup d'ordre ; elle fut soutenue par la cavalerie française et algérienne et par quelques compagnies d'infanterie. Dès qu'on eut quitté l'aqueduc de Médéah, la population qui était sortie pour nous voir rentra très précipitamment par suite de l'arrivée des Kabayls qui surgirent de tous côtés.

Une compagnie de Voltigeurs fut envoyée à trois cents pas sur la gauche de la colonne, à mi-côte, pour écarter les assaillants ; l'arrière-garde contenait le gros de l'ennemi en se maintenant sur chaque crête de mamelon et gagnant rapidement, ensuite, celle qui était en arrière, et que garnissaient des défenseurs préparés. Les Arabes se précipitaient sur la crête abandonnée pour combattre ceux qui se retiraient. La droite de la colonne, longeant un ravin à quelque distance, inspirait moins de crainte ; néanmoins, un grand nombre d'Arabes couronnaient le versant opposé, et des groupes, embusqués dans les endroits où la route se rapprochait du ravin, nous saluaient à coups de fusil tirés quelquefois de très près. Aussi, beaucoup de nos blessés furent-ils atteints par le plomb, au milieu des rangs. C'est ainsi que M. Cooche, chirurgien aide-major, reçut une balle dans le bras gauche pendant qu'il donnait ses soins à un soldat qui venait d'être mis hors de combat. Les Arabes nous harcelèrent avec vigueur, mais sans obtenir le moindre avantage, et on ne leur abandonna aucun blessé. Nous eûmes, à ce sujet, un épisode intéressant. La compagnie du flanc gauche dans un mouvement de retraite rapide d'une crête sur celle qui était en arrière eut un homme blessé à la jambe qui ne put suivre. Ce malheureux se trouva bientôt entre les Arabes qui voulaient l'achever et les siens qui voulaient le reprendre. Les deux partis combattirent d'une crête à l'autre ; heureusement pour le blessé, le capitaine était un brave homme qui tint ferme dans cette position difficile où le nombre des ennemis augmentait à vue d'œil. Les soldats criaient à la colonne d'arrêter et de venir au secours, le blessé suppliait de ne pas l'abandonner. Les Arabes jetaient des cris de fureur, s'appelaient, se répondaient et accouraient de toutes parts. Tous les spectateurs s'intéressaient vivement à cette affaire dont on redoutait l'issue, quand l'extrême arrière-garde fit un mouvement du côté des Arabes qui se retirèrent. La compagnie s'élança et enleva le blessé à la satisfaction générale, mais elle eut à cette occasion plusieurs hommes hors de combat.

Notre cavalerie arabe chargeait quelquefois à coups de fusil pour intimider et écarter l'ennemi ; l'on reconnut ainsi qu'on avait affaire à bien plus de monde qu'on ne le supposait. En effet une vingtaine de fantassins tiraillant sur notre flanc droit, du haut de la crête d'un mamelon à quatre cents pas de nous, parurent une prise à ne pas laisser échapper. Un peloton de cavaliers français et un autre de cavaliers arabes se dirigèrent rapidement sur eux, mais les ayant joints, ils trouvèrent trois à quatre cents hommes derrière ces sentinelles avancées, qui lâchèrent leur coup de fusil et se retirèrent effrayées par l'impétuosité du mouvement. Nos cavaliers, reconnaissant la supériorité de l'ennemi, firent volte-face en arrière et rentrèrent dans la colonne. Sur ces entrefaites un chasseur algérien eut son cheval tué, les Arabes se précipitèrent sur le harnachement et se le disputèrent jusqu'à ce que

L'ennemi est plus nombreux qu'on ne le croyait d'abord.

l'un d'eux fût blessé mortellement d'un coup de fusil. Il est probable que les autres groupes qu'on apercevait dépendaient, de même, de rassemblements considérables masqués par le terrain.

Sur notre gauche, plusieurs charges de cavalerie furent échangées avec la cavalerie ennemie, mais elles furent, de part et d'autre, assez insignifiantes parce qu'on évita de combattre de près. On conçoit, du reste, que dans les combats de cette nature tout l'avantage devait nécessairement demeurer aux Arabes parce que nos chevaux français pouvaient d'autant moins lutter de vitesse qu'ils étaient écrasés sous le poids d'un lourd harnachement. L'Arabe, légèrement vêtu, monte ordinairement à poil ; une ficelle grossière lui sert de bride, il est l'ami de son coursier et le fait manœuvrer avec une adresse infinie à l'aide de ses jambes dont le talon est armé d'une espèce de broche de huit pouces de longueur en guise d'éperon. Les cheicks seuls ont un harnachement complet. Cette cavalerie essentiellement légère nous a forcés depuis à modifier cette arme ; aussi est-elle aujourd'hui remontée en entier avec des chevaux arabes. Nous avons actuellement quelques escadrons de cavalerie indigène, désignés sous le nom de Spahis [1]. Ces cavaliers sont armés de fusils

Cavalier arabe.

1. Spahis est un mot d'origine persane (*Sipahi*, cavalier) ; il a d'abord désigné des troupes de cavalerie dans l'armée turque.

En Algérie, il exista de bonne heure quelques escadrons de cavalerie indigène, désignés eux aussi sous le nom de *spahis*. C'était le Maréchal Clauzel qui avait eu l'heureuse idée de créer des Spahis en même temps que des Zouaves. Cette formation fut régularisée par une Ordonnance royale du 17 novembre 1831, mais elle prit alors le nom de « Chasseurs d'Afrique » ; deux régiments furent constitués. Deux ans plus tard, on revint à l'ancien nom : le Général Voirol, par arrêté du 24 juin 1833, forma sous le nom de *Spahis d'El Fhas* une milice indigène, chargée d'assurer la police dans les villages du Fahs, c'est-à-dire dans les villages de la banlieue d'Alger.

Aujourd'hui, il existe dans la colonie quatre régiments de Spahis

qu'ils manient très bien et sont destinés à rendre d'importants services, en concourant puissamment à la pacifica-
tion et à la sûreté de la Colonie.

Brigandage exercé par les Kabayls sur les gens de Médéah.

Depuis près de vingt-quatre heures. on apercevait des
groupes nombreux de cavaliers arabes établir leur camp
sur la route d'Alger à peu de distance de Médéah. Quelques-uns même, plus aventureux que les autres, étaient
venus le fusil sur l'épaule et le yatagan au poing exercer
le brigandage sous les murs de la ville, enlever les bestiaux
et mutiler les pasteurs. Plusieurs de ces malheureux privés
de leurs poignets, les bras sanglants et prêts à périr d'hémorrhagie, sont venus à mon ambulance réclamer nos
secours. La disposition inégale du territoire de Médéah
favorise singulièrement les entreprises de cette nature,
mais elles cessèrent du moment où quelques bombes lan-
cées çà et là dans la plaine allèrent porter la terreur
parmi ces agresseurs qui s'enfuirent à toutes jambes pour
ne plus reparaître. On vit même les cavaliers campés au
loin et hors de la portée des obus s'éloigner au galop,
tant l'artillerie exerce d'empire sur le moral de ces barbares.

Effet des obus sur l'esprit des indigènes.

A peine l'armée commença-t-elle à effectuer sa retraite
que le camp ennemi s'ébranla et se dispersa avec la rapidité de l'éclair. Les cavaliers arabes de faire caracoler leurs
chevaux sur le flanc gauche de notre colonne, de courir
à bride abattue dans la plaine et de pousser des cris de ralliement affreux et menaçants.

Ce spectacle plein de mouvement et de variété offrait,

algériens, ayant leurs dépôts respectifs à Médéa, à Sidi bel Abbès, à
Batna et à Sfax ; il y a en outre un escadron de spahis sahariens
monté à méhari et un escadron de spahis soudanais. Chaque régiment, bien entendu avant la guerre actuelle, comprenait 4 officiers
supérieurs, 37 officiers subalternes, 276 sous-officiers, brigadiers,
hommes des cadres et 650 cavaliers du rang.

au milieu de ce beau pays, un tableau dont la nouveauté était propre à émouvoir fortement les âmes. C'était des cris sauvages et confus remplissant les airs, une fusillade nourrie et continue, le hennissement des chevaux. Cette métamorphose qui venait de s'opérer chez les Arabes fuyant lâchement l'instant d'auparavant, actuellement pleins de jactance et d'audace, néanmoins manquant encore d'assez de bravoure pour nous attaquer en masse et de front, leur figure horrible, leur accoutrement, tout peignait à nos yeux une nation sauvage et guerrière. Telle est l'escorte avec laquelle nous arrivâmes vers huit heures du soir au Champ des Oliviers, situé au pied du revers Sud de l'Atlas. Nous suspendîmes notre marche pour établir quelques feux de bivouacs, prendre du repos et délibérer sur le parti que la sagesse devait dicter dans cette occurrence. Traversera-t-on de suite les défilés du mont Atlas ? ou bien attendra-t-on au lendemain ? L'espoir de tromper l'ennemi qui déjà avait suspendu son attaque croyant nous retrouver le lendemain, le manque de munitions de guerre de notre côté, l'éloignement des Arabes pour les combats de nuit, militaient en faveur de la première opinion et on s'y arrêta définitivement, quand un sous-officier des Chasseurs Algériens nommé Braham Ben Ali qu'on avait vu se distinguer par sa bravoure ce jour-là, ainsi que sur le plateau de Rirha, comme d'ailleurs par son dévouement, rendit l'important service de faire connaître le plan de soulèvement général des tribus. L'on avait cru jusque-là que ce n'était qu'une irritation passagère et locale ; il apprit que l'armée avait été dénombrée, que des émissaires en avaient exagéré la faiblesse dans les tribus, que tout le pays depuis Alger jusqu'à Milianah était soulevé, qu'on voulait nous disputer le passage du col, nous attaquer en tous sens, que le lendemain,

Délibération d'où va dépendre le salut de l'armée.

Révélation importante faite par Braham Ben Ali.

avant la pointe du jour, des forces considérables devaient nous assiéger dans nos bivouacs et qu'enfin l'ennemi se promettait bien de ne pas laisser échapper un seul d'entre nous.

Le général se décida, alors, à partir presqu'immédiatement, c'est-à-dire à dix heures du soir. Il reconnut que Braham Ben Ali avait été éminemment utile en cette occurrence ; il demanda pour lui et obtint la croix d'honneur.

Je profite de quelques instants de repos pour soigner les blessés. Je profitai de cet instant de calme pour faire reposer toute mon ambulance autour d'un grand feu de bivouac et donner des soins aux derniers blessés. Plusieurs d'entre eux vinrent expirer sous nos yeux, atteints de balles qui avaient déterminé des épanchements mortels dans la poitrine ; j'ordonnai qu'on les fit enterrer de suite, pour ne point abandonner leurs cadavres à la furie des barbares. A défaut de brancards, je fis transporter un bon nombre de blessés dans des couvertures dont quatre hommes tenaient les quatre angles. Chaque convoi de cette nature était suivi de quatre autres militaires afin qu'ils pussent se remplacer dans ce service aussi honorable que pénible. Les militaires qui pouvaient être transportés à dos de mulets furent déposés sur ces animaux.

On se décide à travers l'Atlas de nuit. La lune ne devant éclairer notre route que vers onze heures, il fallut, en partant à dix heures, nous faire précéder dans les défilés par un fanal, qui malheureusement trahit notre marche. On fut obligé de l'éteindre parce qu'il servait de point de mire et de ralliement à l'ennemi que les habitants des montagnes, instruits de notre marche, appelèrent bientôt en vociférant. Leurs cris aigus, mille fois répétés par l'écho des montagnes, au milieu de ce calme de la nuit que certes nous n'étions pas curieux

de troubler, répétés ensuite par les cavaliers qui étaient
encore dans la plaine, avaient quelque chose de sinistre,
d'horrible et contrastaient singulièrement avec notre
morne silence. Ce silence fut du reste de courte durée,
car bientôt commença une fusillade non interrompue à
droite et à gauche de la route. L'ennemi embusqué tirait
sur nous presqu'à bout portant. Les femmes et les enfants
nous jetaient des pierres, puis tous s'enfuyaient pour aller
charger leurs armes ou prendre de nouvelles munitions
en criant de toutes leurs forces : « *Accourez vite, enfants
du prophète, venez exterminer les chrétiens, les voici qui
s'enfuient.* » Le plus sage parti était de passer au plus vite
dans les défilés ; c'est ce que nous fîmes, mais il fallut
beaucoup de temps parce que, le plus souvent, deux hommes ne pouvaient marcher de front, tant le chemin est
resserré, et certes, si nous eussions eu affaire à un ennemi
habile et entreprenant, l'Atlas aurait été le tombeau et
les Thermopyles de notre armée. L'ambulance était privée
d'escorte militaire, et j'ai la conviction que vingt hommes,
bien déterminés, auraient pu massacrer aisément tous nos
blessés sans qu'il fût possible de venir à leur secours.
M. Bomain, payeur-adjoint, marchait à la gauche de
l'ambulance ayant avec lui plusieurs mulets chargés d'argent, dont l'un fut blessé : son voisinage aurait pu nous
devenir fatal, si les Arabes avaient eu connaissance de
ce fait. On rencontrait, semés çà et là, sur la route, des
cadavres humains, des chevaux expirant, des cantines,
des affûts de canons que nous avions abandonnés. Tous
ces indices marquaient assez les endroits où l'ennemi se
tenait embusqué ; néanmoins, il fallait bien se résoudre à
les franchir, car il n'y avait pas d'autre chemin à prendre. Dans ces passages, chacun risque la vie. Plusieurs
de nos blessés, portés sur des mulets, furent atteints dere-

chef par le plomb ennemi ; deux de mes infirmiers en
furent mortellement frappés. L'ambulance fut très mal-
traitée, et très peu d'entre nous eurent le bonheur de
n'avoir point le corps, ou leurs chevaux, ou leurs vêtements, traversés par des balles. Dans cette nuit fatale,
nous avons perdu une grande partie de notre matériel des
hôpitaux. J'ai examiné, avec un soin tout particulier, les
militaires que j'ai rencontrés gisants sur les côtés de la
crète ; chez quelques-uns d'entre eux la vie n'était point
éteinte, je les ai fait enlever très scrupuleusement et j'ai
l'intime conviction de n'avoir laissé sur le chemin aucun
blessé. Au milieu de ces scènes affligeantes de désordre

et de confusion, il survint un événement bien déplo-
rable : plusieurs habitans de Médéah qui, pour éviter la
mort, s'étaient mis sous notre sauve-garde, furent victimes
d'une méprise et fusillés par les nôtres qui, trompés par
leur costume, les prirent pour des ennemis. Du nombre
des victimes était une jeune mauresque d'une beauté
remarquable que son mari transportait sur son cheval et
tenait serrée dans ses bras. Deux balles l'avaient atteinte,
l'une traversait le col, l'autre la poitrine. Pour la première fois, la jalousie du musulman avait permis d'ôter
son voile. Mais déjà ce n'était plus qu'un cadavre : le
coup avait été mortel. Arrivé à la ferme du Bey d'Oran,
armé du courage stoïque et religieux, l'œil sec mais ses
traits reflétant la douleur de son âme, il creusa lui-même
la fosse qui devait encore dérober à tous les regards une
figure que, seul, il avait pu admirer.

Après mille dangers, nous atteignîmes le col de l'Atlas
où nous avions laissé un bataillon du 20e régiment et
dont notre ennemi peu habile n'avait seulement pas
songé à s'emparer pour couper notre retraite ; nous y
séjournâmes pendant deux heures, au lieu de continuer

notre route sans perdre de temps. Cette faute fut capitale et donna aux Arabes le temps de se rallier et de nous rejoindre. Pendant cette halte, je donnai mes soins aux blessés et m'efforçai de les ranimer en faisant allumer de grands feux. Ils souffraient beaucoup de leurs blessures, et plus encore du froid de la nuit qui se fait vivement sentir sur le sommet de ces montagnes prodigieuses. Prévoyant l'encombrement que devait occasionner l'instant du départ, j'avais eu le soin de faire partir en avant des sections de mon ambulance accompagnées d'un officier de santé, à mesure qu'un certain nombre de blessés étaient pansés, mais il arriva qu'au moment de quitter le col de l'Atlas, je me trouvai seul de mon ambulance avec huit militaires dont les blessures très graves ne permettaient pas de les placer sur des mulets dont le manque était d'ailleurs absolu et il fallait, à défaut de brancard, les transporter dans des couvertures tenues par les quatre angles. J'allai, moi-même, dans les régiments réclamer au nom de l'humanité quelques hommes pour ce service honorable ; mais l'avouerai-je ? Dans cette circonstance critique, l'instinct de la propre conservation semblait veiller seul et avoir étouffé tout sentiment généreux ; en vain, représentai-je que je me voyais forcé d'abandonner mes blessés si les chefs de corps ne venaient à mon secours. On fut sourd à mes prières, excepté l'honorable colonel d'Arlanges [1] (du 30ᵉ régiment), que je me fais un

Marginal notes:
Grande faute commise.

Mes dispositions pour prévenir l'encombrement des blessés.

Grande difficulté de trouver des moyens de transport pour les blessés.

Conduite honorable du Colonel d'Arlanges.

1. D'Arlanges (Joseph, Marie, Gaston, marquis) né à Maresché (Sarthe) le 1ᵉʳ septembre 1774, décédé à Maresché le 13 juillet 1843.
Sous-lieutenant au Royal Auvergne, émigré à l'armée des princes sous la Révolution, il rentra en France et devint capitaine en 1813, puis chef de bataillon le 15 novembre 1815 et colonel le 8 juillet 1823.
De bonne heure, il fut envoyé en Afrique, y servit sous plusieurs gouverneurs, fut nommé maréchal de camp le 16 juin 1834 et com-

devoir de citer ici. J'allai de suite exposer ma triste position au Général en Chef et à son chef d'état-major, M. le B. Duverger [1] et ce ne fut que par les ordres de ce dernier que j'obtins enfin le nombre d'hommes nécessaires à l'enlèvement et au transport de mes blessés. Rappeler ici la conduite tenue en Egypte par le général Bonaparte, ce sera rendre hommage à ses vertus et les offrir à la fois pour modèle à quiconque se trouverait dans des circonstances analogues. « Le manque absolu de moyens de trans-
« port réduisait tous les blessés à la cruelle alternative ou
« d'être abandonnés dans nos ambulances et même dans
« les déserts exposés à y périr de soif ou de faim, ou d'être
« égorgés par les Arabes. Le général Bonaparte ordonna
« que tous les chevaux qui se trouvaient à l'Etat-major,
« sans en excepter les siens (le Général en Chef marcha
« longtemps à pied comme toute l'armée) fussent em-
« ployés au transport des blessés. En conséquence, chaque
« demi-brigade ayant été chargée de la conduite de ceux
« qui lui appartenaient, tous ces braves arrivèrent en
« Egypte et j'eus la satisfaction de n'en pas laisser un seul
« en Syrie » (*Campagne d'Egypte par M. Larrey*).

Nouveaux dangers courus par l'ambulance au sortir de la Porte de fer. Au moment où je quittai le col de l'Atlas, au passage de la Porte de fer, je vis un peloton de cavalerie hésiter à

mandant la division d'Oran le 18 juillet 1834. Il ne tarda pas à être placé en non-activité, 1er septembre 1836. D'après Yver : *Correspondance du capitaine Daumas* (Alger, Jourdan, 1912, in-8°, p. 316-317).

1. Duverger ou Leroy-Duverger (Philippe, Alexandre, Marie, Antoine) né à La Flèche (Sarthe) le 26 septembre 1784, mort à Seiches (Maine-et-Loire) le 9 janvier 1874.

Il fut nommé à l'Etat-Major du corps d'occupation d'Alger le 1er mars 1831 et suivit dans cette fonction la seconde expédition de Médéa. Mis un peu plus tard à la disposition du général Dalton, commandant les troupes à Alger, le 1er juillet 1832, il fut successivement sous-chef d'Etat-Major de la division d'Alger le 29 décembre 1834, puis sous-chef d'Etat-Major général des troupes en Afrique, le 10 août 1835. D'après Esquer : *Correspondance du Duc de Rovigo*, I, p. 272.

la franchir, parce que l'ennemi, embusqué sur les hauteurs, fusillait tout ce qui sortait du col de Teniah. Notre petit convoi passa le premier, et essuya les premières décharges : trois hommes furent atteints par le plomb, mais assez légèrement pour que nous puissions continuer notre route sans retard et aller rejoindre le reste de l'ambulance, qui déjà était bien loin en avant. Nous laissâmes derrière nous un bataillon du 20ᵉ régiment destiné à former l'arrière-garde. Toute l'armée se hâta de descendre au plus vite les défilés de l'Atlas situés sur le revers septentrional ; notre arrière-garde eut beaucoup à souffrir dans ce genre de guerre dont nous avons trop peu l'habitude et sa position devint des plus critiques quand le manque de cartouches se faisant sentir, un cri général, « *Des cartouches, des cartouches* », se fit entendre sur toute l'étendue de notre colonne. Dès ce moment, les bédouins, cachés jusqu'ici derrière d'épais buissons ou des masses de pierres, n'ayant plus à craindre notre feu, se démasquent et fondent sur nous, avec une audace extrême, pour combattre de très près, et quelquefois même corps à corps. A la descente d'une montagne, un Kabayl saisit un des nôtres par son sac ; mais ce dernier, doué d'une présence d'esprit admirable, décroche les bretelles qui le retiennent fixé sur ses épaules, se laisse rouler jusqu'au fond du ravin et évite son ennemi furieux de voir sa proie lui échapper. Notre retraite se fait précipitamment et en désordre, une partie des blessés ne peut être relevée du champ de bataille et reste au pouvoir de ces horribles cannibales qu'on voit frapper nos soldats de mille coups, les mutiler et jeter leurs têtes sanglantes au milieu de nos rangs ou les faire rouler au fond des ravins.

Un brave capitaine du 20ᵉ régiment a la cuisse fracassée

par une balle et tombe au milieu de sa compagnie qui le relève du champ de bataille et emporte avec elle le chef qui ne cesse de l'animer encore du geste et de la voix ; mais les rangs de la compagnie s'éclaircissent de plus en plus, et bientôt, malgré les efforts les plus généreux, elle est forcée de l'abandonner et de le laisser massacrer sous ses yeux. Cette déroute partielle, qui eut lieu après le passage du col, vers l'extrême arrière-garde, tient à ce qui suit : le col est tranché au milieu d'une crête en fer à cheval, faisant la limite d'une vallée : à droite en sortant était le chemin à suivre, à l'extrême gauche du fer à cheval un contrefort où les Arabes s'étaient établis pour tirer sur la colonne. On envoya une compagnie pour les débusquer et s'y maintenir jusqu'à ce que toute l'armée eût passé ; cette petite troupe remplit sa mission, puis, quand elle dut rejoindre, au lieu de descendre le ravin pour remonter sur le chemin, elle regagna le col qui était à quatre cents pas d'elle ; puis, de là, voulut rejoindre l'arrière-garde qui eut le tort de ne pas l'attendre assez longtemps. C'est alors que les Arabes, revenus sur toute la crête du fer à cheval et débouchant par le col, maltraitèrent beaucoup les pauvres soldats, qui n'eurent d'autre parti que de rejoindre la colonne à toutes jambes. Beaucoup périrent, mais une partie, ayant d'elle-même gagné le fond du ravin pour abréger le chemin, parvint à se sauver. L'effroi de cette compagnie gagna l'arrière-garde qui devait de temps à autre s'arrêter pour contenir les assaillants, tandis que la colonne, qui avait plus d'une lieue de long sur cet étroit chemin, marchait toujours. Il était difficile de faire parvenir des ordres et des avis ; les cris de « *halte à la tête* », qui partaient de l'arrière-garde et se répétaient de bouche en bouche, arrivaient à leur destination sans qu'il en fût tenu compte. La distance des bataillons d'arrière-garde à ceux qui les devançaient augmentait ; bientôt la démoralisation fut au comble et s'étendit de proche en proche. Le Lt. Général Berthezène dut se rendre au milieu des soldats débandés, saisir lui-même un drapeau, se porter vers l'ennemi, tenir ferme avec des troupes fraîches et reformer, sous ses yeux, la troupe qui se remit bientôt de cet instant de faiblesse.

Qu'on se représente, s'il est possible, l'affreuse situation de notre arrière-garde manquant de munitions de guerre, réduite à un petit nombre et opérant sa retraite poursuivie par un ennemi nombreux, acharné, d'autant plus auda-cieux, qu'il combat avec sécurité des hommes harassés de fatigues, écrasés sous le poids d'un lourd équipement et dévorés par la soif, sous un ciel brûlant. L'on cessera alors d'accuser le soldat du mauvais succès de cette expé-dition. Il a donné dans ces circonstances fâcheuses trop de preuves d'intrépidité, de courage, de mépris de la vie, pour qu'on puisse l'accuser sans ingratitude.

Il était onze heures du matin, quand, au sortir des défilés des montagnes, nous descendîmes dans la plaine et revîmes nos bivouacs de la Métidjah. Le bataillon du 30ᵉ régiment, laissé à la ferme du Bey d'Oran, dirigé par le Général Feuchères [1], vint à notre rencontre pour sou-tenir notre retraite et favoriser notre ralliement. Nous trouvâmes alors un secours des plus efficaces dans les manœuvres habiles de ce seul bataillon, autour duquel nos

1. Feuchères (Adrien, Victor, baron), né à Paris le 20 novembre 1785, mort à Paris le 22 novembre 1857. Cet officier supérieur ne resta que deux ans en Afrique ; il avait été nommé maréchal de camp pour être employé à l'armée d'Afrique, le 13 décembre 1830, et il devait rentrer en France en 1832. Durant cette période assez courte, il participa à toutes les affaires militaires et il contribua per-sonnellement à l'organisation des zouaves dont les deux chefs de bataillon en 1832 furent Maumet et Duvivier (D'après Esquer : *Correspondance du duc de Rovigo*, 1, p. 69).

soldats débandés vinrent se grouper comme des poussins sous les ailes de leur mère, similitude née du moment et dont la vérité nous frappa. J'établis à l'instant mon ambulance dans la ferme, et, tandis que toute l'armée, profitant d'un instant de suspension d'armes, se livrait aux douceurs du repos, nos fonctions chirurgicales prenaient un surcroît d'activité. Quatre-vingts à cent militaires saignant de leurs blessures récentes vinrent réclamer nos secours et, en moins de deux heures, tous furent pansés, excepté ceux dont les plaies réclamaient l'amputation immédiate. Ces malheureux ne purent être opérés qu'à Alger, quelques jours plus tard, parce qu'on m'obligea de les faire transporter immédiatement sur des prolonges d'artillerie et presque tous périrent des suites de leur opération trop différée. J'ai tout lieu de croire que, si l'on m'eût donné une heure pour les amputer, tous existeraient encore. De quelle pitié pénible nos cœurs ne furent-ils pas émus, quand, après les avoir déposés précipitamment sur les caissons, nous fûmes réduits à fixer sur eux d'inutiles regards, tandis qu'immobiles, ils demeuraient en butte aux rayons d'un soleil ardent. L'incertitude du départ et l'ordre de nous tenir prêts, ordre fondé sans doute sur des nécessités de stratégie, nous enchaînait dans cet état cruel. Mes aides, dont le dévouement a été apprécié de toute l'armée, m'ont merveilleusement secondé dans cette circonstance, comme dans toutes les autres. Ils se multipliaient pour suppléer au défaut d'infirmiers, dont nous manquions, et j'étais ravi de les voir aller de caisson en caisson porter de l'eau aux militaires blessés, afin d'arroser leurs plaies et d'étancher leur soif. Ce n'est que bien tard qu'ils ont pris à la distribution de vivres quelques biscuits et un peu d'eau-de-vie. Ces aliments sont les seuls qu'il ait été permis de distribuer à l'armée depuis Médéah jusqu'à notre retour à Alger. Un ruisseau abondant coule à l'ouest de la ferme dans la direction du Sud au Nord pour aller grossir les eaux de la Chiffah. Les cavaliers arabes qui, loin de nous abandonner, comme on l'espérait, nous cernaient de toutes parts, caracolant en cercle autour de nous, détournèrent le cours des eaux et nous privèrent de leur bienfait. Ces Arabes semblaient dans un état d'exaspération difficile à dépeindre ; dans leur rage, ils allumèrent des feux par toute la plaine qui était couverte d'herbages desséchés et de plus de huit pieds de hauteur. Cet incendie, chassé à notre rencontre par les vents de l'Est, nous donna des inquiétudes très vives, qu'un changement de direction des vents fit évanouir l'instant d'après. Ce projet des Arabes qui, fort heureusement, venait d'échouer tourna à notre avantage parce qu'au moment du départ nous trouvâmes la route nettoyée et purgée de ces grandes tiges herbacées qui retardaient notre marche, là où le feu ne les avait point dévorées.

Exaspération des Arabes.

Le Général en Chef remarqua que les Arabes se dirigeaient sur Blidah afin d'aller soulever les habitants et nous attendre au passage, cachés dans les embuscades nombreuses que présente la route que nous avions suivie quelques jours auparavant ; aussi prit-il l'heureuse détermination de suivre un autre chemin et d'aller traverser la Chiffah, non loin de sa jonction au Mazafran, dans un endroit très-guéable, environ à une lieue et demie au Nord de Blidah. Nous évitâmes ainsi les jardins de cette ville, qui déjà avaient été deux fois le théâtre de nos désastres. Vers quatre heures du soir, l'armée se remit en marche, disposée en colonnes serrées et flanquées d'éclaireurs. L'ennemi s'ébranla en même temps que nous et le feu des tirailleurs, commencé dès cet instant, continua jus-

Le tour déjoué

Départ de la ferme du Bey d'Oran.

qu'au soir. Les Arabes, soit timidité, soit préjugé, ne nous attaquèrent pas de nuit ; ils auraient pu nous faire beaucoup de mal parce que nous marchions sans ordre, dans l'obscurité que le clair de lune ne dissipa que fort tard et qu'imparfaitement. Au passage de la Chiffah, deux Arabes embusqués firent feu sur un sergent et le tuèrent : on riposta par un feu de bataillon dont le Général en Chef n'eut pas connaissance dans le moment parce qu'il était à la tête de la colonne ; mais cet incident jeta l'épouvante parmi les blessés de mon ambulance qui n'avait pas de sauve-garde. On en fut quitte pour la peur. Notre colonne, réunie en bloc au moment du départ, s'étendait sur plus d'une lieue de longueur, quand le jour vint éclairer notre marche. Cette débandade avait pour cause essentielle le mauvais état des routes dont les étranglements ne permettaient aux caissons de cheminer qu'à la suite l'un de l'autre, et dont les difficultés de terrain firent verser le plus grand nombre jusqu'à 3 ou 4 fois ; il fallut nécessairement perdre du temps et suspendre momentanément la marche des voitures qui venaient à la suite, pendant qu'on redressait celles qui étaient renversées et qu'on y replaçait les soldats récemment pansés ou amputés, et dont les violentes secousses aiguisaient les douleurs. Après avoir marché pendant toute la nuit, nous nous aperçûmes le lendemain, 4 juillet, que nous n'avions guère fait plus de trois lieues, à cause des retards indiqués.

Dès la pointe du jour la fusillade recommença à l'arrière-garde mais peu vive et, vers huit heures du matin, au moment de notre arrivée à Bouffarique, nous fûmes assaillis par un nombreux groupe d'Arabes, les mêmes qui étaient allés en avant nous attendre au passage de la Chiffah ou derrière les murs de Blidah. L'artillerie s'efforça de dissiper ces derniers, mais ils venaient de

Passage de la Chiffah.

Notre retour à Bouffarique.

Dernières tentatives de l'ennemi.

nous mettre douze hommes hors de combat, et l'on se remit en marche après un très court repos que nous payâmes bien cher. Ces Arabes nous accompagnèrent encore quelques instants, mais sans nous faire aucun mal. Dès lors, notre marche jusqu'à Alger cessa d'être inquiétée. Nous fîmes halte entre Bouffarique et la Ferme Modèle, près de laquelle nous arrivâmes vers quatre heures du soir au lieu même où nous avions établi nos premiers bivouacs, dix jours auparavant. Le bonheur d'avoir pu ramener tous les blessés qui m'avaient été confiés et de les voir hors de danger me causa une émotion que je n'essayerai point de peindre, et j'avoue que je trouvai dans mon âme une bien douce récompense.

Nous fîmes ici un séjour de deux heures, afin de transporter de nuit nos blessés à Alger et de les dérober à la vue des habitants. Prévoyance inutile, les Algériens, par leurs relations avec les Kabayls, connaissaient nos désastres depuis plusieurs heures et s'en réjouissaient clandestinement dans leurs mosquées et ouvertement dans leurs cafés, quand les Français (*intra muros*) les ignoraient encore. Ces dispositions hostiles de la part des Algériens les plus influents motivèrent leur exil, qui fut en effet prononcé peu de jours après par l'autorité prévôtale [1]. Le chemin de la Ferme Modèle à Alger peu praticable, même

---

1. Un arrêté fut pris, le 25 juin 1831, par le Général Berthezène contre les auteurs de ces bruits séditieux. Il portait comme unique considérant :

« Que les bruits que l'on fait circuler, soit contre l'armée, soit « contre l'autorité de la France, tendent à compromettre la tranquil- « lité publique, à jeter l'alarme dans le pays et à y exciter des « troubles qu'il importe essentiellement de prévenir et de réprimer, « et dont l'impunité ne servirait qu'à encourager les coupables dans « leurs criminelles entreprises. »

Il comprenait deux articles principaux :

« Art. I. Tout Turc, Koulougli, Maure et tout habitant du royaume

de jour, le devient bien moins encore pendant l'absence de la lumière. Ce transport aurait pu faire périr d'hémorrhagie plusieurs militaires très grièvement blessés et dont la position exigeait d'ailleurs les secours les plus prompts. Je pris sur moi d'en déposer douze à la Ferme. Je leur donnai de suite mes soins et ils trouvèrent un repos réparateur dont ils avaient le plus grand besoin. Le lendemain matin, on les fit transporter à Alger sur des brancards et déposer dans les hôpitaux.

Au nombre de ces derniers malades se trouvaient deux militaires amputés et dix autres atteints de plaies pénétrantes de poitrine ; tous guérirent grâce aux soins qui leur ont été prodigués pendant les premiers jours de leurs blessures.

Nous avions employé cinq jours pour nous rendre à Médéah ; notre retour s'est effectué en cinquante heures. Ce retour précipité, ce cortège de blessés qui n'avait pu être dérobé à tous les regards malgré les précautions prises, quelques propos indiscrets et, il faut bien l'avouer, le mécontentement et le découragement de l'armée jetèrent l'alarme parmi les Européens, chez qui la nouvelle de ces événements avait éclaté comme un coup de foudre. L'expression inquiète de leurs traits formait un frappant contraste avec l'épanouissement de la physionomie des Maures dont les démonstrations affectées nous devenaient

« d'Alger, à quelque nation qu'il puisse appartenir, qui sera con-
« vaincu d'avoir tenu des propos alarmants, sera expulsé.
« Art. II. Après son expulsion, s'il ose se représenter dans le
« royaume sans une autorisation spéciale, il sera livré à un conseil
« de guerre, comme ayant conspiré contre la sûreté de l'État et,
« comme tel, condamné à mort. »
(Ministère de la Guerre. *Collection des Actes du Gouvernement depuis l'occupation d'Alger jusqu'au 1er octobre 1834.* Paris, Imprimerie Royale, 1843, p. 110 et 111).

insultantes. Déjà, plusieurs d'entr'eux, disait-on, volaient grossir les rangs ennemis, chargés d'armes et de munitions de guerre. Ce qui est certain c'est que depuis longtemps les Arabes emportaient d'Alger, en échange de leurs fruits et de leurs chevaux, de grandes quantités de soufre [1] pour fabriquer la poudre dans leurs montagnes. La police, qui ne pouvait ignorer un fait de cette importance et de notoriété publique, devait s'opposer à cette exportation. Nos revers de Médéah n'auraient pas dû non plus lui rester étrangers, quand les indigènes officiellement informés se riaient de notre ignorance. La peur, bien plus que la malveillance, avait exagéré le mal dont les effets ne tendaient à rien moins qu'à une démoralisation générale. Les ordres du jour, bien faits cependant pour calmer les esprits s'ils n'eussent été accueillis par la plus grande défiance, n'apportèrent qu'un bien faible palliatif au malaise qui tourmentait les esprits. L'ordre du jour suivant m'a paru Ordre du jour digne d'être consigné dans ce mémoire. Je garantis l'exactitude des faits énoncés relativement au nombre des blessés, chapitre sur lequel je suis tout à fait compétent.

ORDRE DU JOUR

Des hommes mal intentionnés et dont les vues secrètes sont connues s'efforcent de propager les nouvelles les plus fâcheuses, et d'accréditer les faits les plus absurdes et les bruits les plus alarmants sur les opérations de la Division expéditionnaire.

Le Général commandant le corps d'occupation, voulant faire connaître la vérité aux troupes qui n'ont pas eu l'honneur d'en faire partie, donne

1. De nombreux arrêtés avaient été pris pour réglementer et le plus souvent pour interdire la vente des poudres, plombs et armes, et en général de tous les produits qui entrent dans la composition de la poudre : sous Clauzel, arrêtés du 22 octobre, du 14 novembre, du 14 décembre 1830 ; sous Berthezène, arrêtés du 24 mars et du 23 mai 1831. Il est plus que probable que ces mesures avaient été éludées par le commerce clandestin : la multiplicité des arrêtés témoigne de leur inefficacité.

ci-après l'état des pertes éprouvées par différents corps qui y ont coopéré [1] :

NUMÉROS DES RÉGIMENTS	BLESSÉS.	TUÉS.	EGARÉS.
15ᵉ Régiment	15	3	0
20ᵉ —	77	6	5
28ᵉ —	39	6	0
30ᵉ —	23	6	3
67ᵉ —	21	9	0
Zouaves	4	3	0
17ᵉ Chasseurs	12	2	0
Chasseurs algériens	4	0	0
Artillerie	1	0	0
TOTAUX	196	55	8

Ces pertes éprouvées en combattant vaillamment et pour l'honneur du nom français ne méritent nos regrets que parce que c'est du sang français qui a coulé ; mais on doit s'étonner qu'elles soient aussi minimes quand on fait attention au nombre de nos ennemis et à leurs pertes. 40 tribus faisant près de douze mille hommes nous ont attaqués par trahison. Dans le seul combat du 1ᵉʳ juillet, les dix tribus que nous battîmes sur le plateau d'Aouara, perdirent huit cents hommes, dont quarante-cinq morts parmi lesquels plusieurs Turcs de distinction. D'après tous les rapports, leurs pertes s'élèvent à plusieurs mille. Soldats, vous les avez toujours vus fuir devant vous et toujours ils fuiront quand vous marcherez contre eux ; soyez toujours dignes de vous et jamais ils n'oseront vous attaquer en face.

Le Lieutenant général,
Signé : BERTHEZÈNE.

1. Ces chiffres sont, à deux ou trois unités près, ceux que cite Pellissier, mais il ajoute aussitôt que l'effet moral de cette campagne sur l'esprit des populations indigènes fut désastreux :

« Telle fut cette malheureuse expédition de Médéa, plus funeste
« par l'effet moral qu'elle produisit sur l'esprit des indigènes que par
« les pertes réelles que nous éprouvâmes, car nous n'eûmes que
« 254 hommes mis hors de combat, savoir : 62 morts et 192 blessés.
« L'armée et son général eurent réciproquement de graves reproches
« à se faire ; mais ce fut principalement sur ce dernier que porta le
« blâme public. On accusait ouvertement son incapacité et son incu-

La retraite de Médéah fut suivie d'une conflagration générale qui s'étendit fort au loin. L'on exagéra nos pertes ; l'on répandit chez les Arabes que nous avions eu plus de mille tués, que nous étions démoralisés, qu'il n'y avait plus qu'à venir nous attaquer chez nous pour nous chasser et établir un gouvernement arabe à Alger. Les marabouts prêchèrent la guerre sainte, soufflèrent le feu partout et soulevèrent les populations.

A l'Est comme à l'Ouest, se préparèrent dès rassemblements nombreux qui eussent été sans doute fort dangereux si l'ennemi eût agi avec ordre et ensemble. Mais, pour réunir une armée arabe, il faut un temps très long ; chacun doit se pourvoir de vivres, préparer chez lui ses cartouches, mettre ordre à ses affaires. Dans les circonstances actuelles, les tribus ennemies durent faire des suspensions d'hostilité ; chacune dut organiser sa défense intérieure, en cas de surprise, etc., etc,, et de là vient que le plus souvent les premiers arrivés sont obligés de retourner chez eux faute de vivres, avant que les derniers soient venus au rendez-vous.

Les tribus de l'Est, sous les ordres de Benzamoun [1] et

Résultats de cette expédition militaire.

Nombreux rassemblemens des Arabes.

Le marabout Benzamoun d'Haminet à la tête de 5 à 6.000 h. rassemblés dans l'Est.

« rie, et même on exagérait le mal pour donner libre carrière à la
« médisance. Les militaires français sont en général trop disposés à
« accabler un chef malheureux ; et cependant ce n'est pas par des
« récriminations passionnées que l'on doit espérer de réparer un
« échec. Les fautes d'un général sont du domaine de l'histoire ;
« mais, dans son armée même, les hommes qui sont en état de le
« juger devraient plutôt les dissimuler et les taire qu'affaiblir la
« confiance des troupes en les publiant. Pour nous, placé loin des
« événements, nous avons pu sans inconvénient user des droits de
« la critique et laisser voir le général Berthezène tel que nous le
« présentent ses actes. » (Pellissier de Reynaud : *Annales Algériennes*,
I, p. 198).

1. Ben Zamoun ou El Hadj Mohammed ben Zamoun était le chef
de la tribu des Flissas. Indépendant sous le dey Hussein, il fut après
l'occupation d'Alger par les Français un des cheikhs les plus en vue

du marabout Ben Aïssa [1] se réunirent les premiers à Sidi Arzin à une lieue de Kouba, au delà de l'Aracht, au nombre de quatre à six mille, et tous les jours on attendait des retardataires. On comptait sur six mille combattants pour cette partie. Les tribus de l'Ouest devaient fournir un nombre égal, mais elles n'étaient pas encore réunies. Le camp de Sidi Arzin était muni de poudre, et recevait de temps en temps, mais en petites quantités, des vivres de Blidah. Des détachements en partaient tous les jours pour piller ou tuer ce qui était à leur portée. Le 14 juillet, sans attendre plus longtemps les tribus de l'Ouest, l'ennemi fit un mouvement sur la Ferme Modèle où je me trouvais avec mon ambulance, et, le lendemain, elles attaquèrent ce poste avec la plus grande vigueur.

Attaque de la Ferme Modèle.

Dès la pointe du jour, le commandant Cassaigne, du 30e régiment, qui occupait la position de la Ferme Modèle, ayant tout au plus 2 à 300 hommes sous ses ordres

et les plus turbulents des environs de la ville. Durant le commandement du général de Bourmont, il espéra jouer un grand rôle politique en s'offrant comme intermédiaire obligé entre les indigènes et nous. Avec Berthezène, il essaya de profiter des malheureux incidents de la retraite de Médéa pour coaliser contre nos troupes toutes les tribus voisines et nous jeter à la mer. Enfin, sous le duc de Rovigo, il revint à son projet de nous imposer une sorte d'Agha des Arabes qui aurait été beaucoup plus sous sa dépendance que sous notre autorité (Esquer : *Correspondance du duc de Rovigo*, I, p. 76-77).

1. Il y a probablement ici confusion de noms. Le marabout qui se trouvait avec Ben Zamoun à la tête des contingents indigènes de l'Est se nommait *Sidi Saadi* :

« Sidi Saadi, dit Pellissier de Reynaud, d'une famille marabou-
« tique d'Alger, qu'un voyage récent à la Mecque recommandait à
« l'estime de ses coreligionnaires et qui ne visait à rien moins qu'à
« succéder à Hussein Pacha, contribuait puissamment par ses pré-
« dications à ameuter les tribus de l'Est, chez lesquelles il s'était
« retiré. Bientôt deux camps d'insurgés se formèrent, l'un à Bouf-
« farik sous les ordres d'Oulid bou Mezrag et l'autre sur la rive
« droite de l'Harrach auprès du marabout de Sidi Arzine sous ceux
« de Ben Zamoun et de Sidi Saadi. Ce dernier n'était qu'à peu de
« distance de la Ferme-Modèle » (*Annales Algériennes*, I, p. 198-199).

et quelques artilleurs pour servir deux pièces de canons dont une, en mauvais état, fut hors de service dès le commencement de l'action, fut attaqué par quatre mille Arabes environ, tant cavaliers que fantassins. Benzamoun, qui par ses espions connaissait notre faiblesse, commença par cerner l'enceinte de cet établissement de toutes parts, puis à l'attaquer avec furie sur tous les points à la fois. Les Arabes vinrent avec audace planter leurs étendards au pied des murs pour s'exciter mutuellement à combattre et nous défier. Nos deux cents braves soutinrent ces attaques avec le plus grand sang-froid, et, à travers les crénelures des murailles qui leur servaient de remparts, mitraillèrent un bon nombre d'assaillants. Beaucoup, dans leur aveugle confiance, se firent tuer à bout portant. En voyant après quelques heures de combat ses efforts rester impuissants et ses pertes grossir, l'ennemi abandonne la ferme pour diriger ses forces réunies contre les deux blockhaus, dont l'un, situé au Nord et près de la ferme, la domine entièrement, tandis que l'autre est situé à l'Est sur la route de Blidah, et à quinze minutes de cet établissement. Comme déjà je l'ai dit, chacun de ces blockhaus contenait quarante hommes au plus. Eh bien ! le croira-t-on ? la rage des Kabayls vint expirer au pied de ces forteresses. Quelques-uns, plus audacieux que les autres, s'élancent sur ces machines infernales, essayent de les ébranler et de les entamer à coups de yatagan ; mais ils trouvent la mort pour prix de leur témérité. Les pertes que venaient d'éprouver les Arabes, les seules qui jusqu'ici fussent pour moi hors de doute, commençaient à ébranler leur courage. Un marabout très-révéré s'aperçoit de ce moment d'hésitation ; ses infirmités, qui l'obligent de soutenir sur ses deux béquilles son corps usé par l'âge, ne sauraient l'arrêter. A la tête des siens il s'avance jusqu'au pied des blockhaus et, par un bonheur prodigieux, le plomb l'a épargné. Ce trait d'une rare bravoure ne demeure pas sans effet ; déjà l'étincelle électrique a fanatisé nos barbares qui, de nouveau, viennent se faire tuer sous cette forteresse inexpugnable, après avoir tenté, à défaut de canons, de la renverser avec des leviers. Vers neuf heures du matin, ils se retirèrent dans leur camp assis dans la plaine et distant d'une demi-lieue de la Ferme-Modèle.

Les céréales, récoltées à la ferme tout récemment, étaient réunies en tas de vingt à trente gerbes sur le sol qui les avait nourries. Loin de prendre une revanche, ces Barbaresques pensèrent d'autant moins à incendier nos moissons qu'elles leur fournissaient de quoi les nourrir, eux et leurs chevaux. En effet, aussitôt que leur attaque du matin était terminée, ils partaient en foule de leur camp et venaient, à portée de fusil, enlever les gerbes de blé que nous avions récoltées à grands frais. On leur envoyait, il est vrai, quelques balles qui ne les atteignaient pas et ne mettaient aucun frein à leurs rapines. A voir la confiance extrême avec laquelle ils venaient récolter sur nos terres, on les eût pris pour des amis. Plus tard, ils se virent forcés de mettre le feu aux meules de foin et de blé les plus voisines de la ferme, quand ils s'aperçurent que ces dernières nous servaient de remparts pour les combattre.

La crainte que l'ennemi ne transportât ces gerbes de blé autour des blockhaus pour les incendier nous tenait dans la plus grande anxiété ; mais cette pensée infernale ne lui vint pas à l'esprit. Sans quoi il aurait pu mettre ses projets à exécution sans que nous eussions pu porter du secours à nos frères d'armes, nos forces suffisant à peine pour notre défense dans l'enceinte de la Ferme Modèle.

J'appelle sur cet article l'attention de l'autorité supérieure parce qu'il est assez probable que, par la suite, nos blockhaus deviendront encore le théâtre d'événements militaires, et qu'il importe de mettre l'ennemi dans l'impossibilité de nous causer de tels désastres.

Après quelques heures de repos, les Arabes vinrent recommencer les hostilités. Vers le milieu du jour, les blockhaus et la ferme sont attaqués à la fois et sur tous les points avec une grande énergie, mais il reste presque impossible d'emporter ces postes sans le secours de l'artillerie et, après trois heures de combat opiniâtre, l'ennemi se retire avec de nouvelles pertes. La fusillade, que l'on entendait d'Alger d'une manière très distincte depuis le commencement du jour, y entretenait du malaise et de l'inquiétude ; mais l'alarme devint générale quand, dans l'après-dîner, on vit des agents de l'autorité courir dans les rues et ordonner, intempestivement, aux marchands de fermer leurs boutiques. Quoi qu'il en soit, ce n'est que vers quatre heures du soir que la brigade du général Feuchères arriva à la ferme en reconnaissance. Les Arabes venaient de se retirer, de sorte que l'honneur de cette journée brillante appartient, en entier, aux deux cents hommes que le brave commandant du 30° régiment avait sous ses ordres dans cette ferme, dont la garnison fut dès ce jour portée à 600 hommes.

Le général résolut de dissoudre les rassemblements des Arabes et, le 17 juillet, il réunit à Kouba [1] 3.000 hommes. Nous nous trouvâmes en vue de l'ennemi de grand matin

1. Kouba, commune de la banlieue d'Alger, 3.348 habitants (1911). Le village a été fondé sous le duc de Rovigo ; comme colons, il reçut les immigrants allemands qui, à l'instigation de Clauzel, avaient été dirigés, dès 1831, sur Alger et que l'on répartit entre ce centre et celui de Dély Ibrahim. Le nom de Kouba ou Koubba signifie littéralement « coupole, dôme, » et désigne chez les Arabes un petit monu-

et sans pouvoir attaquer parce qu'un bataillon se fit
attendre. Les Arabes, ayant eu connaissance de notre
arrivée, envoyèrent prévenir un gros détachement qui
avait pénétré du côté de Birkadem et qui revint précipitamment, entre la ferme et l'armée, passer au gué de
l'Aracht. Si nous avions été en force à cette ferme, nous
eussions coupé bien facilement la retraite à toute cette
troupe. On lui lança quelques boulets, mais qui ne purent
l'atteindre. Notre tête de colonne observait l'ennemi placé
sur le versant d'un coteau ; un grand mouvement avait
lieu dans la plaine de la Métidjah. Enfin, enhardie par
cette inaction, toute cette masse s'avança de notre côté,
avec de grands drapeaux en tête. En ce moment arrivait
le bataillon attendu. Le Général fit tirer deux pièces de
canon, l'effet fut surprenant. Les premiers coups ralen-
tirent la vivacité de l'attaque ; bientôt il y eut arrêt, puis
enfin tout se mit en retraite et se retira précipitamment.
L'on vit abattre trois belles tentes, et toute la masse se
dispersa en tous sens. Le général lança aussitôt toute la
troupe, et principalement les cavaliers. On descendit le
coteau, l'on passa l'Aracht [1], l'on galopa à la poursuite

ment, surmonté d'une coupole et élevé en l'honneur et sur le tombeau d'un marabout réputé pour sa sainteté.

Il est à remarquer que dans les environs d'Alger et pour les villages qui remontent aux premières années de la conquête, les noms
arabes ont été maintenus.

1. L'oued Harrach ou El h'arrâch en Arabe serait, d'après l'étymologie, « le torrent caillouteux ». *H'arrâch* viendrait de la racine
h'rch, rude au toucher.

C'est un petit fleuve côtier du département d'Alger ; il prend sa
source au Sud-Est de Blida dans l'Atlas métidjien, traverse cet Atlas
par des gorges sauvages où se trouve un établissement thermal
réputé (Hammam Melouane), entre dans la plaine à Rovigo, la coupe
dans toute sa largeur et vient se jeter dans la mer près de Maison-
Carrée. Sa longueur est d'environ 7o kilomètres ; ses crues sont
redoutables ; elles ont souvent menacé les parties de la plaine et les
villages situés à proximité de son cours.

des fuyards ; mais à peine put-on en joindre quelques-uns. Ainsi fut dissipé le rassemblement de l'Est. Le lendemain arrivèrent les tribus de l'Ouest. Elles établirent leur camp au-delà de l'oued Kerma [1], en arrière d'un petit ruisseau. Jusqu'au 21 juillet la Ferme Modèle continua d'être attaquée, deux à trois fois le jour, par les Arabes qui, dans les derniers temps, ne combattaient déjà plus avec la même ardeur, comprenant sans doute que dans ce genre de guerre tout l'avantage était de notre côté ; aussi se bornèrent-ils pour ainsi dire à n'attaquer que les convois qui d'Alger se rendaient à la ferme.

Attaques des tribus rassemblées à l'Ouest d'Alger, contre la Ferme Modèle.

Tous les jours 400 hommes venaient, vers cinq heures du soir, chercher de nos nouvelles à la ferme et chaque fois ce demi-bataillon avait à lutter contre deux ou trois mille Arabes embusqués sur la route et à une demi-lieue de ce poste. Chaque jour, cette reconnaissance, dont le but n'a été compris de personne, nous a donné, terme moyen, trente blessés et quelques hommes morts, tandis que si, tous les trois jours, on eût fait une reconnaissance avec douze cents hommes et deux pièces de canon, on aurait vu les ennemis s'enfuir, comme ils le firent le 16 et 21 du même mois. Ce détachement, se rendant chaque soir d'Alger à la Ferme Modèle, ne quittait celle-ci qu'à minuit pour éviter les Arabes qui n'ont pas l'habitude de combattre après le soleil couché. Une seule fois notre départ fut inquiété par quelques coups de fusil qui portèrent le plus grand désordre dans nos rangs. En résumé,

Pertes éprouvées par nos convois.

1. L'oued Kerma ou oued « du Figuier » (*Kerma*, *figuier* en arabe) est un petit affluent de l'Harrach qui marqua pendant quelque temps la limite de nos possessions et sur les bords duquel se livrèrent de furieux combats, ainsi qu'il est rapporté dans cette relation du docteur Baudens. Ce cours d'eau prend sa source dans le Sahel d'Alger.

le nombre des hommes blessés, soit dans les blockhaus, soit dans l'enceinte de la Ferme Modèle, s'élève au plus à cinq ou six, tandis que nous avons eu de cent trente à cent quarante hommes mis hors de combat, par suite des visites que l'on nous fit faire avec des forces trop faibles.

Encombrement des blessés dans la Ferme Modèle. L'encombrement de ces blessés en exigeait l'évacuation aussi promptement que possible. Le 19 au soir, le Lieutenant-Colonel du 20e régiment vint nous trouver à la tête de son bataillon pour la protéger, mais il avait été attaqué sur la route avec tant d'impétuosité qu'il jugea prudent de s'en retourner à Alger sans s'embarrasser d'une ambulance. Le lendemain 20 juillet, à la place du bataillon de la veille, composé de troupes aguerries, on envoya à la ferme cinq cents volontaires parisiens qui ne connaissaient pas même le chemin, s'égarèrent et prirent la route de Blidah, au lieu de celle de la ferme. C'en était fait de cette troupe, si un bataillon du 30e régiment, laissé dans ce poste, n'était allé à sa rencontre pour protéger sa retraite, qui se fit néanmoins à toutes jambes et dans la plus grande confusion.

Leur évacuation sur Alger. Cet événement venait encore d'augmenter le nombre de nos blessés ; il fallait à tout prix les évacuer. M. le Colonel du 30e régiment décida leur départ pour la nuit suivante. Il prit avec lui le bataillon des Parisiens ainsi qu'une grande partie de son bataillon, ne laissant à la ferme qu'une très faible garde, et, vers minuit, on se mit en marche en observant le silence le plus religieux de peur d'attirer l'attention de l'ennemi. Pendant près d'une demi-heure, il fallut fouler des cadavres d'hommes dont la lune nous montrait le tableau hideux. Les Arabes avaient pris soin de les ranger sur la route, afin de nous les donner en spectacle : les uns en pleine putréfaction répandaient une odeur horrible, les autres récemment décolés nageaient dans des flots de sang à peine coagulé et attestaient la férocité de l'ennemi qui venait lâchement d'égorger des hommes sans défense.

Nous arrivâmes à Alger sans coup férir ; je fis déposer mes blessés dans les hôpitaux et me disposai à repartir la nuit suivante. En effet, le Général en Chef, reconnaissant qu'il y avait assez de monde réuni pour qu'une fois dissous le rassemblement ne se reformât pas,.marcha sur le camp avec 3.000 hommes et le battit à coups de canon. Tout s'enfuit ; on poursuivit les fuyards, mais il y en eut encore très peu d'atteints ; une armée arabe qui se débande disparaît presque subitement, les partis s'échappant en tous sens, les cavaliers se retirent au galop et les fantassins les suivent presque à la course. Dès 9 heures du matin, nous étions arrivés sur la route de Blidah à deux lieues au-delà de la ferme, près d'un massif de figuiers couronnant un puits dit Birtouta : on s'y arrêta jusqu'à 3 heures après-midi. Ce massif pouvait à peine abriter cinquante personnes contre les rayons du soleil qui était de feu et l'armée en fut cruellement incommodée. Deux soldats périrent sur-le-champ frappés d'apoplexie foudroyante ; deux à trois cents hommes, dans l'impossibilité de faire la route d'Alger, furent transportés sur des prolonges d'artillerie. Après tant de fatigues, devons-nous encore nous étonner de la grande quantité de fiévreux que nous avons reçus dans nos hôpitaux pendant l'été de 1831 ? Surtout, si nous ajoutons à ces causes déjà puissantes, les effluves marécageuses de la Métidjah. Moi-même je fus atteint d'une fièvre intermittente, contractée dans ces expéditions, qui résista à six mois de traitements et ne se guérit qu'en France, où j'allai passer trois mois de convalescence.

La colonne rentra à Alger le jour même qu'elle en

était sortie[1] et, depuis ce temps, les Arabes, dont les champs réclamaient les bras, suspendirent les hostilités.

Ces deux affaires où la victoire nous resta terminèrent la campagne de 1831, mais ne ramenèrent pas l'équilibre que la retraite de Médéah avait rompu[2].

1. C'est-à-dire le 22 juillet 1831.

2. Le docteur Baudens caractérise ici d'un mot très heureux les résultats immédiats ou lointains de cette expédition de Médéah ; il avait pu d'ailleurs en suivre le développement pendant les années qui suivirent.

De suite les indigènes reprirent confiance en eux-mêmes et, si leur échec devant la Ferme Modèle et la Maison Carrée les rendit plus prudents, du moins espérèrent-ils arriver par d'autres moyens à chasser les Français de la Régence. A ce moment, des intrigues se nouèrent entre les principaux chefs kabyles et arabes d'un côté et l'ancien souverain Hussin Dey de l'autre. Des émissaires parcoururent le pays pour annoncer la prochaine restauration de celui-ci : l'un d'eux surtout, un certain Sidi Saàdi, est souvent cité dans la correspondance de Berthezène.

Sous la pression de ces événements, les idées du Général en chef s'orientèrent vers une conception assez curieuse ; les farouches montagnards de l'Atlas se refusant à se laisser administrer par les Français et tout dans leurs mœurs les éloignant de nous, il était préférable de leur donner un chef pris parmi les personnes qu'ils vénéraient le plus, c'est-à-dire parmi les marabouts, et l'on choisit un marabout de Coléah, Sidi Mahieddin. Malheureusement, dans les conventions qui furent passées et dans les rapports que les autorités militaires entretinrent plus tard avec ce personnage, elles ne surent pas donner aux indigènes l'impression que la France se réservait l'autorité suprême et que Sidi Mahieddin n'en exerçait une partie qu'avec notre consentement et pour ainsi dire par délégation.

Aussi, dans les années suivantes, l'opposition grandit : les actes d'hostilité et de banditisme se multiplièrent : à quelques kilomètres d'Alger on vécut sous le régime de la peur des Hadjoutes, ces écumeurs de la Métidja ; les colons furent obligés de porter constamment des fusils pour se défendre, et finalement on désespéra de coloniser les environs immédiats d'Alger, malgré les essais de quelques Français audacieux. Alors naquit l'idée d'entourer la plaine d'une sorte de muraille de Chine, d'un obstacle continu, et de séparer ainsi les Bédouins irréductibles et pillards des Européens cultivateurs.

Sous Bugeaud seulement, la situation se modifia à notre avantage et les illusions des Arabes se dissipèrent peu à peu sous les rudes coups du Maréchal et la poussée de la colonisation ; pour employer

Il me reste maintenant, pour terminer ce mémoire [1], à rapporter les cas chirurgicaux les plus remarquables que nous ont présentés les blessés provenant des combats livrés lors de notre retour de Médéah, sous les murs de la Ferme expérimentale ; toutefois, j'ai pensé pouvoir consigner, ici, d'autres faits non moins curieux, et puisés aussi dans des expéditions faites en Afrique.

J'ai passé sous silence les tentatives des Arabes contre la Maison Carrée, poste militaire situé à l'Est de la ferme, sur le rivage de la mer, ces tentatives ayant été faibles, de peu de durée et sans résultat.

une expression du docteur Baudens, l'équilibre, rompu après Médéah, fut rétabli.

1. La relation s'arrête sur ces mots ; ils ne sont pas une conclusion. Ils devaient être suivis par un autre mémoire d'une nature différente, rappelant les principaux cas chirurgicaux traités au cours de cette campagne. Dans la pensée du docteur Baudens, cette nouvelle étude aurait aussi un caractère plus général ; elle comprendrait, ainsi qu'il le dit, des observations faites au cours des diverses campagnes auxquelles il avait pris part. Ce second mémoire est devenu un livre complet qu'il publia en 1836 sous le titre de *Clinique des plaies par armes à feu.*

APPENDICE [1]

Une Israélite habitante d'Alger, âgée de 26 ans, de forte constitution, et d'un tempérament lymphatique, mariée depuis dix années, sans avoir fait encore d'enfants, consulte une matrone de sa caste qui lui déclara, après examen fait, qu'elle ne pourra procréer qu'après que sa matrice froide et morte aura été réchauffée et reportée plus haut qu'elle ne l'est actuellement. La prétendue cause de sa stérilité reconnue, la matrone attend l'époque des menstrues, qui d'habitude étaient peu abondantes, pour donner ses soins à sa crédule cliente. Elle commence par lui appliquer, sur la région hypogastrique et à la manière de ventouses, un vase de terre grossièrement vernissé de trois litres de capacité, et voici comment : elle renferme une petite quantité de cendres dans un morceau de toile dont elle fabrique à l'instant un petit cornet ; puis elle allume le sommet de ce cône préalablement imprégné d'huile et en applique la base sur la région que doit recevoir la ventouse ; cette pratique, ayant pour but de faire remonter la matrice, provoque les plus vives douleurs ; la malade ressent un poids énorme sur l'hypogastre tandis que son abdomen presqu'en totalité émigre dans l'intérieur de cet énorme récipient ; mais la matrone soutient son courage presqu'épuisé et, à l'aide de termes magiques, elle invite l'utérus à se porter en haut, frappant en même temps et légèrement sur la ventouse avec son index pour appeler cet organe et se mettre en rapport avec lui. Après cinq minutes de souffrance, le vase, arraché avec force, laisse voir un moxa ou brûlure large comme une pièce de cinq francs à l'endroit qu'occupait la mèche allumée. La ventouse est ensuite remplacée par le topique qui suit : on prend un gros limon, dans lequel est pratiqué un trou à l'aide du doigt indicateur destiné à le bourrer de poudre de canelle, girofle, pyrèthre, poivre et moutarde, et lorsqu'il a cuit pendant quelques instants, sous la cendre chaude, on le divise en deux demi sphères que l'on applique sur le pubis et sur la région lombaire jusqu'à ce qu'elles aient provoqué une forte vésication. La malade étant disposée à l'aide de ces

---

1. Comme nous l'avons indiqué dans notre introduction, nous avons détaché du corps même du récit, où elle a été incorporée après coup, cette note sur les « Effets de la Pyrèthre (Racine de l'*Anthemis Pyrethrum*). »

préliminaires, on lui fit boire pendant deux jours plusieurs litres de décoction de pyrèthre, tandis que des injections de même nature étaient faites dans le vagin que refoulaient de longs morceaux de cette racine.

C'est à cette époque que je fus appelé, le 6 mai 1831. La malade avait nom Aziza ; un conseil de famille venait de décider qu'il serait échangé contre celui de Massaouba afin de donner le change à la maladie et lui faire lâcher prise. Or voici dans quel état je trouvai la malade : peau sèche et brûlante, pouls fréquent peu développé, nausées suivies de vomissements, régions épigastrique, hypogastrique et lombaire très chaudes et douloureuses surtout par la pression, chaleur et tuméfaction des parties génitales externes, langue sèche et rouge à son pourtour, expulsion très fréquente d'une salive rare, visqueuse, blanche et écumeuse, soif ardente, inappétence, muqueuse buccale rouge et brûlante, face animée, yeux brillants, douloureux à la lumière, perte de la vue presque complète, agitation, incohérence dans les idées, délire loquace avec grands éclats de rire, espèce d'ivresse, urines rares, rouges, expulsées avec beaucoup de douleur et de difficulté, constipation, insomnie. *Prescription* : saignée du bras seize onces, cinquante sangsues sur l'épigastre et l'hypogastre, suivie de fomentations émollientes sur ces régions, bains de siège, injections adoucissantes anale et vaginale, diète alimentaire absolue. Eau pure pour boisson d'après le désir de la malade.

Le lendemain, les symptômes d'irritation du tube digestif, masqués en partie par les phénomènes sympathiques de l'encéphale, se dessinent d'une manière plus tranchée, par la diminution de ces derniers.

En effet, les idées sont plus nettes, le délire est bien moins prononcé et la vue n'est presque plus altérée ; mais les vomissements persistent avec la même fréquence ; tout l'abdomen est le siège d'une forte douleur et même de quelques coliques, la constipation persiste, les lavements ont été absorbés en grande partie, le reste a été rendu sans provoquer l'issue de matières fécales. *Prescription :* eau pure pour boisson prise par cuillerée, gargarismes acidulés, quarante sangsues sur l'abdomen, fomentations, demi-bains. Injections émollientes anale et vaginale.

Le 8 mai, état assez satisfaisant, moins de vomissements ; l'abdomen est moins douloureux à la pression, le pouls a moins de fréquence et plus de développement.

Le 9, un peu de sommeil pendant la nuit, la face est calme, le regard tranquille, le délire a complètement disparu : une éruption abondante de petits boutons rouges a lieu sur la membrane muquéuse buccale et principalement sur les lèvres, dont le volume est augmenté. La soif persiste, et la malade demande à ne boire que de l'eau. A cette époque, les vomissements ne se manifestent plus et la constipation, opiniâtre jusqu'à ce jour, a fait place à une diarrhée toutefois assez modérée et que je n'ai point voulu combattre parce qu'elle provoquait l'issue de matières noires et infectes.

Les jours suivants n'offrent plus rien de bien remarquable ; tous les phénomènes énoncés perdent de plus en plus de leur intensité, et quinze jours, plus tard, la guérison est assurée. Néanmoins la malade conserve toujours une soif assez prononcée ; il y a encore de l'excitation dans l'intérieur de la bouche, et l'expulsion d'une salive écumeuse continue, bien que moins fréquente ; tout le tube digestif est bien calmé ; mais l'appétit se maintient peu prononcé et nous sommes forcé de nous astreindre à suivre un régime alimentaire antiphlogistique assez sévère dans la crainte de réveiller l'irritation ou de la voir passer à l'état chronique en entretenant les viscères abdominaux dans un état permanent de subexcitation.

J'ai revu la malade à des époques plus éloignées ; elle n'a conservé aucune trace de son affection, son caractère naturellement très flegmatique me prouve que son délire bruyant et plein de gaité avait pour cause l'influence de la racine de pyrèthre.

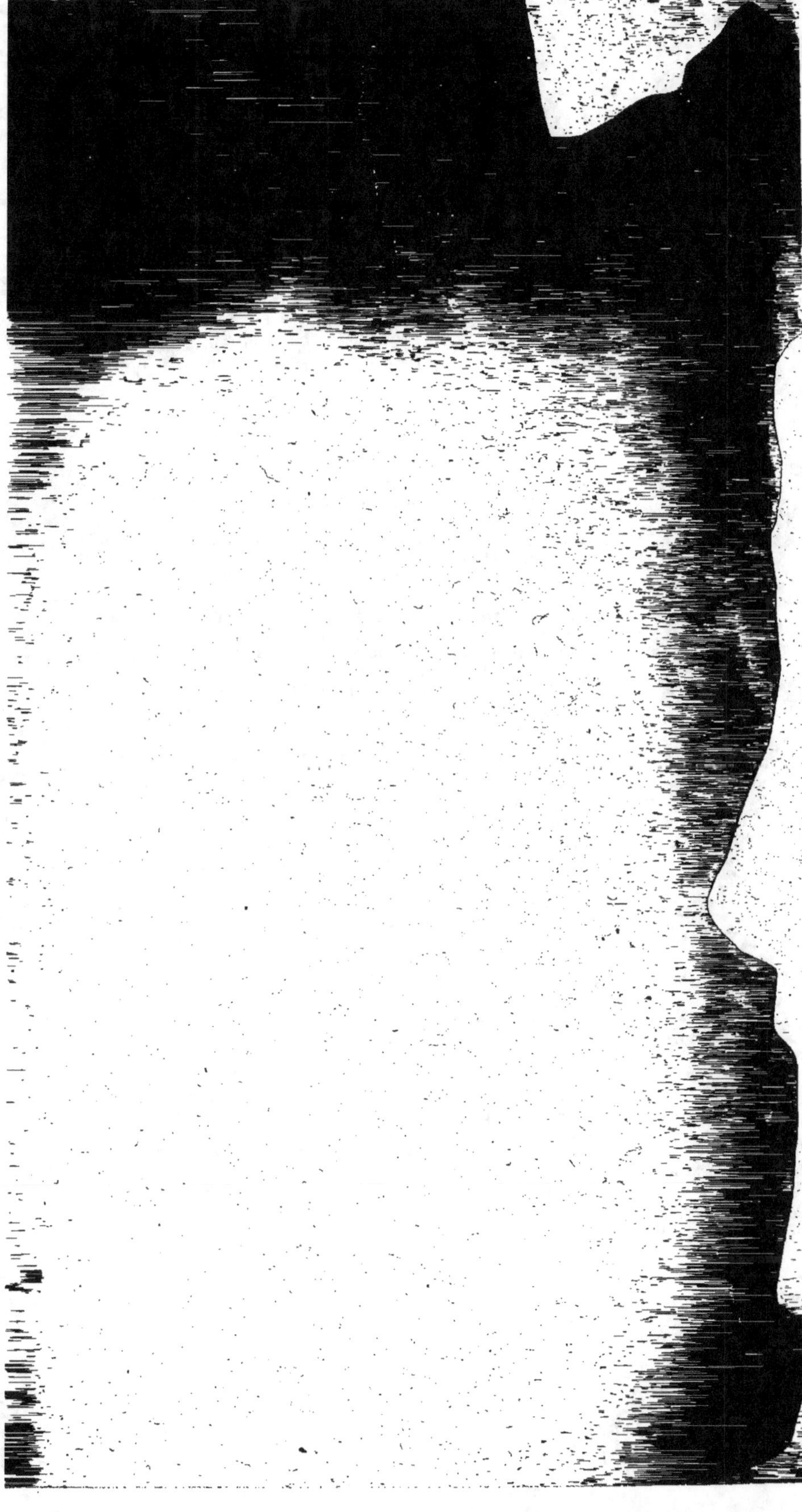

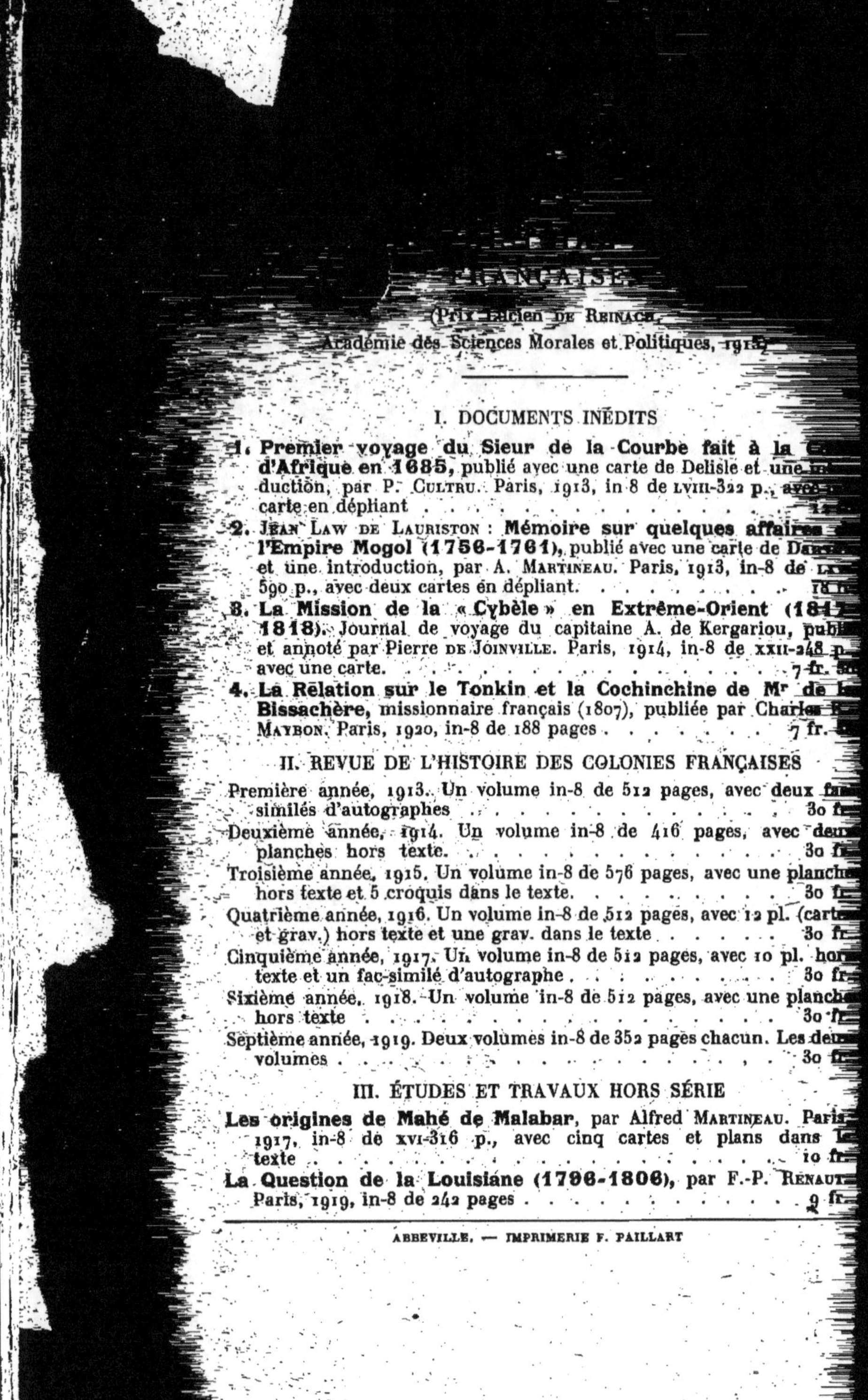

FRANÇAISE.

(Prix Lucien de Reinach,
Académie des Sciences Morales et Politiques, 1915)

I. DOCUMENTS INÉDITS

1. Premier voyage du Sieur de la Courbe fait à la c. **d'Afrique en 1685,** publié avec une carte de Delisle et une in-duction, par P. Cultru. Paris, 1913, in 8 de LVIII-322 p., avec carte en dépliant . . . . 14 .

2. Jean Law de Lauriston : Mémoire sur quelques affaires d **l'Empire Mogol (1756-1761),** publié avec une carte de Da... et une introduction, par A. Martineau. Paris, 1913, in-8 de Lx 590 p., avec deux cartes en dépliant. . . . . 18 .

3. La Mission de la « Cybèle » en Extrême-Orient (1817-1818). Journal de voyage du capitaine A. de Kergariou, publ et annoté par Pierre de Joinville. Paris, 1914, in-8 de XXII-248 p. avec une carte. . . . . 7 fr. 50

4. La Relation sur le Tonkin et la Cochinchine de Mr de la Bissachère, missionnaire français (1807), publiée par Charles B. Maybon. Paris, 1920, in-8 de 188 pages . . . . 7 fr.

II. REVUE DE L'HISTOIRE DES COLONIES FRANÇAISES

Première année, 1913. Un volume in-8 de 512 pages, avec deux fac-similés d'autographes . . . . 30 fr.

Deuxième année, 1914. Un volume in-8 de 416 pages, avec deux planches hors texte. . . . . 30 fr.

Troisième année, 1915. Un volume in-8 de 576 pages, avec une planche hors texte et 5 croquis dans le texte. . . . . . 30 fr.

Quatrième année, 1916. Un volume in-8 de 512 pages, avec 12 pl. (cartes et grav.) hors texte et une grav. dans le texte . . . . 30 fr.

Cinquième année, 1917. Un volume in-8 de 512 pages, avec 10 pl. hors texte et un fac-similé d'autographe . . . . 30 fr.

Sixième année, 1918. Un volume in-8 de 512 pages, avec une planche hors texte . . . . 30 fr.

Septième année, 1919. Deux volumes in-8 de 352 pages chacun. Les deux volumes . . . . 30 fr.

III. ÉTUDES ET TRAVAUX HORS SÉRIE

Les origines de Mahé de Malabar, par Alfred Martineau. Paris, 1917, in-8 de XVI-316 p., avec cinq cartes et plans dans le texte . . . . 10 fr.

La Question de la Louisiane (1796-1806), par F.-P. Renaut. Paris, 1919, in-8 de 242 pages . . . . 9 fr.

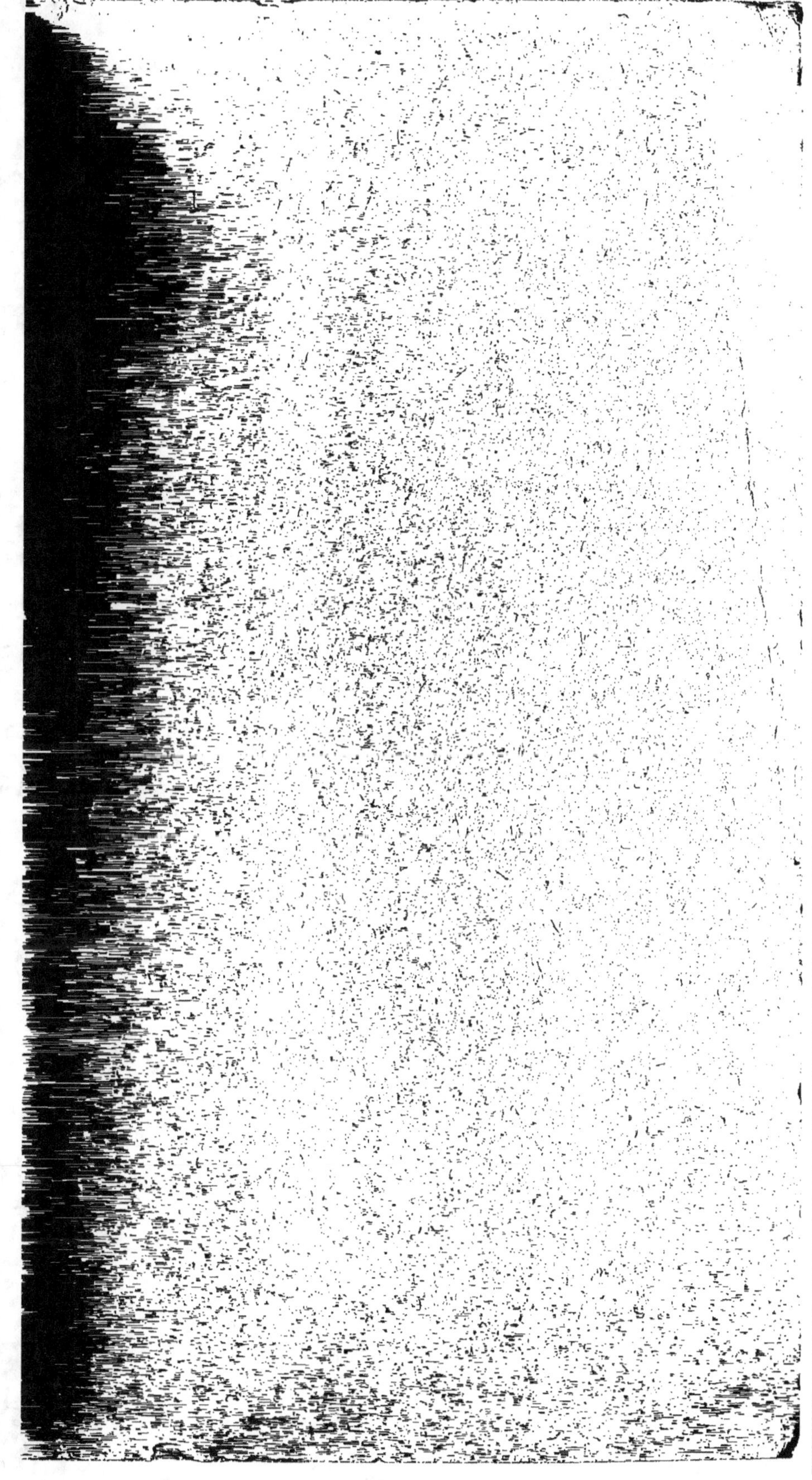